U0041520

圖解
認知偏誤！
避開 **99%** 思考陷阱

人類並不理性！
打破慣性偏見，建立強大思維

情報を正しく選択するための認知バイアス事典

情報文化研究所（山﨑紗紀子・宮代こずゑ・菊池由希子）著

高橋昌一郎 監修　許郁文 譯

監修者前言————何謂「認知偏誤」？

最初「bias」是指沒有沿著織紋裁切的布塊，後來衍生出「墊高堤防、金額或偏誤、歪斜」的意思。

「帶有偏誤」這種最常聽到的說法，也通常會於形容「對某事某物有偏見」的時候使用。

這也是為什麼「認知偏誤」（cognitive bias）常被用來形容偏見、成見、武斷、偏頗的資訊、錯誤認知、誤解的理由。

品川站位在品川區？

2017 年 7 月，東京都區議會議員選舉之際，站在品川站西口前方的新聞播報員報導了「品川站前的品川區選舉情勢」，攝影棚裡的播報員與來賓也討論了「品川區民」對於選舉的看法，但是「品川站」的所在地點為「港區高輪三丁目」，所以品川站西口前方的地區是「港區」而非「品川區」。

品川站西口前面雖然有「品川王子大飯店」，但這間飯店的地址是「港區高輪四丁目」，位於這間飯店北側的「品川稅務署」則是「港區高輪三丁目」。

簡單來說，若看到「品川站」、「品川王子大飯店」、「品川稅務署」，就誤以為這些建築物位於「品川區」的人，就是陷入了「認知偏誤」的陷阱。

這些與事實不符的錯誤認知在邏輯上稱為「偽」（falsity），而

不是「真」（truth）。

從三個研究領域切入

在「邏輯學」的世界裡，這類錯誤認知被稱為「謬誤」（fallacy），從古希臘時代開始，這些謬誤就被分成不同的種類，讓人們知道必須避開這些謬誤才能健全地討論事物。

話說回來，我們人類的思考為什麼會出現謬誤呢？

比方說，在大多數的情況下，「○○稅務署」位於「○○區」這件事都為「真」，因而據此推測「品川稅務署」位於「品川區」通常是正確的。

真正的問題在於「歸納法」（從個別的事實找出共通之處，再導出普遍性結論的推論方法），因為使用這種論證方式，一不小心就會有例外。

「認知科學」的目的在於研究為什麼人類會下意識地透過「歸納法」了解事物與處理資訊。

此外，「社會心理學」則是研究團體之間的交流、人類與社會之間互相關係的學問。

因此，當 Forest 出版社的編輯邀請我監修這本《圖解認知偏誤！避開 99％思考陷阱》時，我最先想到的是從邏輯學、認知科學與社會心理學這三個研究領域著手。

負責執筆撰寫內容的是情報文化研究所的三位年輕研究員，分別是山崎紗紀子（邏輯學）、宮代こずる（認知科學）與菊池由希子（社會心理學），她們在各自的專業領域也都是佼佼者。

被分類為「認知偏誤」的用語雖然有幾百個，但很多用語的意

思、用法都模糊不清，也有不少重複，所以我們幾個在開了一次又一次的會議之後，**分別於上述三個專業領域找出了不可或缺的 20 個與認知偏誤有關的項目，總計將介紹 60 個項目。**

本書的特徵在於不像常見的「事典」，以 ABC 的順序排列項目，而是以由淺入深的順序撰寫各部內容，引領各位讀者一步步走進專業領域的世界。

讀者若能依序閱讀第 I 部（邏輯學）、第 II 部（認知科學）、第 III 部（社會心理學），就能在讀完本書的時候，了解「認知偏誤」的全貌。

當然，如果不按照順序閱讀，或是只挑選一些感興趣的項目閱讀也沒問題。

如何正確選擇資訊

本書的目標讀者為剛進入大學的大學新鮮人。如果要將本書當成「邏輯論證法」、「認知科學入門」、「社會心理學概論」這類大學課程的教科書或課外讀本使用，建議將教學進度拆成前期 15 節、後期 15 節，總計 30 節的課程，每節講解 2 個項目，如此一來就能完整介紹 60 個項目。

雖然本書的目標讀者為大學生，但其實為了讓所有讀者都能輕鬆閱讀，花了不少心思安排內容。

「項目」的部分已盡可能寫成一看就知道概要的內容，而「關聯」的部分則是進一步說明「項目」未及之處，「參考文獻」則列出引用的文獻以及推薦書籍，讓想進一步研究的讀者有跡可循。

但願本書能讓各位讀者了解「認知偏誤」，豐富各位的人生。

最後要請大家思考下列三個問題。

> ・是否常被龐大的資訊所惑，不知該何去何從？
>
> ・是否常被謠言或假新聞蠱惑？
>
> ・思緒是否合乎邏輯與科學？

讀完本書的讀者應該能對上述這三個問題回答「Yes」才對！

2021 年 2 月 23 日

國學院大學教授・情報文化研究所所長　高橋 昌一郎

第 **II** 部　了解認知偏誤的
認知科學

第 **III** 部

了解認知偏誤的社會心理學

第 **I** 部

了解認知偏誤的
邏輯學方法

想必大家都有過
「邏輯聽起來很怪，卻無法反駁對方」這類經驗，
也曾遇過明明說的是同一種語言，
卻無法聽懂對方在說什麼的情況。
第I部的主旨，
就是要從一般的會話與討論的內容，
揪出造成上述這類情況的凶手。

被要求「說清楚講明白」的時候，不妨將「灰色地帶」的選項放入「非黑即白」的選項之中。

01

二分法的謬誤
Fallacy of False Choice

意 思	儘管有更多選項可以選擇，卻誤以為只有寥寥可數的選項。

關 聯	滑坡謬誤（→30頁）　一廂情願謬誤（→58頁）

選項真的只有兩個？

「你最近沒遇到什麼好事，全是因為運氣很背。只要買了這個壺，放在房間裡，就一定會遇到好事，不買的話，你一定會更加不幸。」

正常人應該不會因為這句話而買壺吧？但如果是在一隻腳踏入泥沼，正在苦苦掙扎的時候聽到這些話術，說不定會以為買了這個壺，「小孩的絕症就有機會痊癒」或是「帶來壞運的惡靈會消失」……

在此要請大家回想的是，就算遇到上述這種被逼到絕境的狀況，也要試著將注意力從「買／不買」壺這兩個選項移開，試著思考有沒有其他的選項。

因為，**選項絕對不只有兩種，還有許多未知的選項等著我們**。刻意忽視其他選項，以話術逼著我們二選一的手法，也藏著所謂二分法的謬誤（Fallacy of False Choice）。

這種論證方式尤其適合將對方逼得無路可走，讓對方不得不做出有利於你的決定。

被逼入絕境也不會做出錯誤決策的方法

如果是你遇到前述買壺的情況，你會如何思考呢？讓我們先討論下列這幾點。

在前述的例子之中，只有下列兩個選項。第一種組合是「買了壺，不會變得不幸（換言之，會變得幸運）」，第二種組合是「不買壺，會變得不幸」。

這些組合的內容可參考圖1。大部分的人在遇到如此極端的兩個選項時，通常都會以為自己除了這些選項就別無選擇。

為什麼大部分的人在面臨這種情況時，會做出錯誤的選擇呢？其實前面提過，這種二分法謬誤的論證方式常用來將別人逼入絕境，然後再趁虛而入，所以大部分的人都很難在這種情況下做出正常的判斷（這種利用對方的恐懼獲利的手法稱為**訴諸恐懼**[Appeal to Fear]）。

所以請大家務必學會下列這種思考方式，避免自己在這種極端的狀況下，因為二分法的謬誤而做出錯誤的決定。

圖1　被迫二選一的選項

	壺	不幸
選項1	○（買）	×（不會變得不幸）
選項2	×（不買）	○（會變得不幸）

被忽略的兩個選項

在此要請大家再思考一下剛剛的例子到底有幾種選項。

①買了壺，就不會變得不幸（也就是會變得幸福）。
②不買壺，就會變得不幸。

在此要問的是，真的只有上述這兩種組合嗎？**其實這裡還有兩種被忽略的選項，也就是「買了壺還是變得不幸」以及「不買壺也不會變得不幸」這兩種組合**（圖2）。

「給我說清楚、講明白！」「挑戰的人都是關關難過關關過的喔！」要請大家記住的是，會將別人逼入這類絕境的人，往往會有意無意地忽略其他選項，只提出對自己有利的選項，誘使別人回答他想要聽到的答案。

圖2　被忽略的兩種選項

	壺	不幸
選項3	○（買）	○（變得不幸）
選項1	○（買）	×（不會變得不幸）
選項2	×（不買）	○（變得不幸）
選項4	×（不買）	×（不會變得不幸）

找出所有選項的算式

想知道所有的選項有幾種的時候，可試著**套用算式「2^n」計算**，如此一來就有可能找出所有可供選擇的選項，再從中找出適當的選項。

這裡的「n」是用於組合的項目數量，「2」則是這些項目的選項，也就是「採用（○）」、「不採用（×）」這兩個選項。只要套用這個算式，就能更快算出在這個情況下，可供選擇的選項有幾種。

比方說，「成為律師」與「沒錢」也可以組成四種選項。大家應該知道可以組成哪些選項吧？

最終要選擇怎麼做，當然是由個人決定，但是在了解所有選項之後做決定，與不得不於有限的選項之中做出決定完全是兩回事，哪怕最終的結果都一樣。

若不想為了自己的選擇後悔，可試著透過上述的方式釐清現況，就有很高的機率避免自己做出錯誤的判斷。

找出所有選項的算式

$$2^n = 選項的數量$$

不買壺會變得不幸！　若遇到這種情況的話？

套用　① 買壺
　　　② 變得不幸

○（採用）
or
×（不採用）
→ $2^2 = 4$

參考文獻

Edward Damer, Attacking Faulty Reasoning: A Practical Guide to Fallacy-Free Arguments, Cengage Learning, 2008.

Bowell Tracy and Kemp Gary, Critical Thinking: A Concise Guide, Routledge, 2015.

Eugen Zechmeister and James Johnson, Critical Thinking: A Functional Approach, A Division of International Thompson Publishing, 1992. [E.B.ゼックミスタ／J.E.ジョンソン（宮元博章／道田泰司／谷口高士／菊池聡訳）『クリティカルシンキング　実践篇』北大路書房、1997年。]

高橋昌一郎『哲学ディベート』NHK出版（NHKブックス）、2007年。

高橋昌一郎（監修）・三澤龍志「みがこう!論理的思考力」『Newton』ニュートンプレス、pp.114-117、2020年9月号。

到哪個範圍算是沙丘？透過「沙丘悖論」
了解語言的曖昧與界線。

02

堆垛悖論

Sorites Paradox

意 思	以曖昧的語言定義事物，因而產生的謬誤。

關 聯	一詞多義的謬誤（→22頁）　蒙面人謬誤（→62頁）

「新的」這個形容詞其實比想像中難用

在一聲「想個新的企劃吧！」的號召之下開會，卻遲遲想不出新企劃的情況其實常在辦公室發生。

新企劃遲遲無法誕生的原因有很多，但其中之一可能與「新的」這個形容詞本身非常曖昧息息相關。

「新的」這個形容詞的用法其實很困難，但為了釐清這個形容詞的用法，讓我們試著以沙丘悖論（Paradox of the Heap）這個概念來解釋。

沙丘悖論是堆垛悖論（Sorites Paradox）的概念之一。一般認為，最早提出這項悖論的是來自米利都的墨伽拉學派哲學家歐布利德斯（Eubulide，西元前 4 世紀左右，他也提出了 62 頁的「蒙面人謬誤」）（Hyde and Diana, 2018）。與沙丘悖論類似的悖論還有禿子

悖論與驢子悖論。

「沙丘」的定義是？

請大家想像從一座沙丘拿掉一粒沙子的光景。

這時候「就算從沙丘拿掉一粒沙子，沙丘依舊是沙丘」對吧？因此，就算不斷地從沙丘拿走一粒沙子，剩下的沙子仍可稱為沙丘，只是在重複這個步驟之後，最後一定會只剩下一粒沙子。

那麼，剩下的這粒沙子還能稱為沙丘嗎？

恐怕大部分的人都不會認為剩下的最後一粒沙子算是沙丘吧。不過，若是依循前面一連串的討論思考，就會得出**最後一粒沙子也算是沙丘的結論**。

由此可知，**當我們以正確的方式討論意思模稜兩可的詞彙時，就會產生上述的悖論**。

先前提及的兩個例子也有相同的情況，所以接下來也要試著討論這兩個例子。

何謂沙丘悖論？

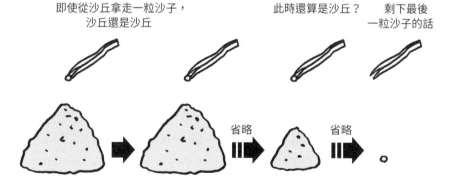

即使從沙丘拿走一粒沙子，
沙丘還是沙丘

此時還算是沙丘？

剩下最後
一粒沙子的話

省略　　　省略

首先要討論的是禿子悖論。頭上無毛的人，也就是所謂的禿子，就算頭上長出下一根頭髮，也還是會被當成禿子。不過，若是繼續長出頭髮，會得到什麼結論呢？由於已經有「禿子長了一根頭髮還是禿子」的結論，所以不管這個禿子長了多少根頭髮，永遠都是禿子。

接著讓我們討論驢子悖論。在驢子背上的稻草梱追加一根稻草，應該不會害驢子的脊椎折斷，因此可以得出「只要每次追加一根稻草，驢子的脊椎就不會折斷」的結論，但我們都知道，只要不斷追加稻草，驢子的脊椎終究會折斷。

語 義 不 清 的 詞 彙 與 界 線

之所以會出現上述的悖論，在於「沙丘」、「禿子」、「稻草梱」的定義不夠清楚。字典對「沙丘」的解釋為「沙山、沙堆」，但大家應該都知道，這種解釋充其量只是換句話說而已，不能算是真正的定義。

那麼該怎麼讓這些詞彙不再模稜兩可呢？接下來讓我們一起了解解決上述悖論的其中一種方法。

其實詞彙之所以語義不清，在於劃分為「沙丘」的界線不夠明確，這也是因為每個人都會將幾萬粒沙子堆成的沙堆稱為沙丘，但沒有人會將一粒沙子稱為沙丘。

由上述情況可知，在使用語義不清的詞彙時，劃清界線是件非常重要的事。

因此，只要討論在該界線之內的詞彙，就能在界線之外的部分使用不會發生悖論的詞彙。

要特別注意這類語義不清的詞彙

　　這類語義不清的詞彙還有「年老」、「年輕」這類單字。

　　在使用這類詞彙時，<u>若能確認自己的認知與旁人一致，就能避免無謂的衝突</u>。

　　若以第一個例子來看，就是先確定「新的」這個詞彙的定義，會議應該就能流暢地進行。

對你來說「時下年輕人」的定義是？

可愛的小寶寶　　　嬰兒！　　　自己這個世代！　　大概是我家兒子　　五十幾歲
　　　　　　　　　　　　　　　　　　　　　　　　這個年紀　　　　都還算年輕！

每個人立場不同，定義就會不同，
若要流暢地進行討論……

必須先決定討論的範圍！

例：16 ～ 22 歲的高中生、大學生的年齡
例：30 ～ 45 歲的上班族
例：屬於戰後嬰兒潮第二代的四十幾歲族群

參考文獻

Dominic Hyde and Diana Raffman, "Sorites Paradox", in The Stanford Encyclopedia of Philosophy, edited by Edward N. Zalta, 〈https://plato.stanford.edu/archives/sum2018/entries/sorites-paradox/〉, 2018.
高橋昌一郎(監修)『絵でわかるパラドックス大百科 増補第二版』ニュートンプレス、2021年。
吉満昭宏「ソリテス・パラドクス」飯田隆(編)『論理学の哲学』講談社、2005年。
新村出(編)『広辞苑』岩波書店、第七版、2018年。

03

一詞多義的謬誤

Equivocation

意 思	同一個詞彙在兩種的前提之下，被當成不同意思的詞彙使用所產生的謬誤，而且這兩個意思之間具有相關性。

關 聯	堆垛悖論（→18頁）　蒙面人謬誤（→62頁） 四詞謬誤（→78頁）

有好朋友就不用工作了？

讓我們看看男學生在某間學校餐廳的對話。

男學生 1：要是爸媽有好幾億的財產，就不用找工作了……

男學生 2：你有很多財產啊。

男學生 1：什麼意思？

男學生 2：好朋友不就是資產嗎？所以我就是你的資產嘍。

男學生 1：也、也是啦……

男學生 2：所以就不用找什麼工作了啦。

男學生 1：你在說什麼傻話啦。

雖然男學生 1 最後說了句「你在說什麼傻話啦」吐槽男學生 2，

但其實男學生 2 的推論方式是正確的。這就是推論的前提都是對的，也利用正確的推論方式討論真正的命題，卻導出錯誤結論的情況。讓我們試著將剛剛的對話整理成三段論法（Syllogism）的形式。

前提 1：有財產就不用找工作。

前提 2：好朋友是財產。

結論：所以，有好朋友就不用找工作。

前提 1 與 2 都是正確的，所以應該能導出正確的結論才對。也就是說「推論的形式是正確的」。

那為什麼會得到明顯錯誤的結論呢？那是因為**在論證的前提之中，同一個詞彙的意思有很多個**，而這種謬誤就稱為一詞多義的謬誤（Equivocation）。在上述的例子裡，「財產」一詞有多個意思。第一個意思就是字面上的解釋，也就是「金錢」，但第二個意思卻是「珍貴的東西」（雖然第二個意思算是一種比喻，卻也是「財產」這個詞彙非常重要的意思之一）。

所以當同一個詞彙在不同的前提之中具有不同的意思，就會得出奇怪的結論。

若以英語為例，「end」這個擁有「目的」與「結束」這類意思的詞彙，就很常被拿來解釋一詞多義的謬誤。

得到果醬的「那天」真的會來嗎？

接著讓我們透過《愛麗絲鏡中奇緣》（*Through the Looking-Glass*）裡的小故事，了解一詞多義的謬誤。《愛麗絲鏡中奇緣》

是《愛麗絲夢遊仙境》（*Alice's Adventures in Wonderland*）的續作，主要的內容是愛麗絲不小心從鏡子闖進奇幻世界之後，在奇幻世界展開的一連串冒險。愛麗絲在途中遇到白棋女王之後，白棋女王便以「每週給你 2 便士以及隔天給一瓶果醬」的條件，命令愛麗絲成為自己的服裝師，不過，白棋女王一點也不打算給愛麗絲果醬。

「條件是每隔一天給一瓶果醬，所以今天就是今天，不是隔天。」如此一來，不管過了多久，愛麗絲領到果醬的「日子」都不會到來。

雖然白棋女王的主張是強詞奪理，但讓我們試著從原文分析這個很麻煩的謎語吧（Lewis Carroll, "Through the Looking Glass," The Complete Illustrated Works of Lewis Carroll, Chancellor Press, 1982.）。

「是隔天領果醬喲。今天是今天，不是隔天喲」

"It's jam every *other* day; to-day isn't any *other* day, you know."

（強調的部分是從出處引用）

這裡的「other day」藏著狡詐的詭計。「other day」在這句話出現了兩次，第一個「every other day」的意思是「每隔一天」。若以

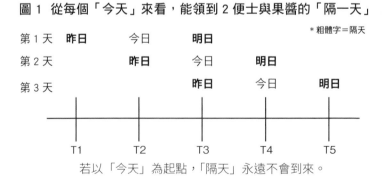

圖 1　從每個「今天」來看，能領到 2 便士與果醬的「隔一天」

                                           ＊粗體字＝隔天

第 1 天　**昨日**　　今日　　**明日**

第 2 天　　**昨日**　　今日　　**明日**

第 3 天　　　　**昨日**　　今日　　**明日**

T1　　T2　　T3　　T4　　T5

若以「今天」為起點，「隔天」永遠不會到來。

今天（T2）為起點，能領到果醬的日子是昨天（T1）與明天（T3）。

反觀第二個「other day」則是另一個意思。假設天一亮，以 T2 為起點的明天（T3）就是新的今天來看，那麼第二個「other day」就是以今天（T3）為起點的「隔天」，換言之，能拿到果醬的日子是 T3 的昨天（T2）與明天（T4）（參考圖 1）。

由此可知，**這兩個「other day」指的是不同天，意思也不一樣**（由於這個例子的出處是英文，有可能需要進一步討論）。

同一個詞彙也有很多種用法與意思

從愛麗絲與白棋女王這個小故事得到的教訓之一，就是我們必須知道**同一個詞彙能以不同的方式使用，而且有很多個意思**這件事。

這種擁有多個意思的詞彙還有很多，所以一詞多義的謬誤才會不斷地在日常生活發生。

若以日文的單字為例，就是「適當」或「結構」這類單字。日文的「適當」有「剛剛好」或「隨便」這些意思，而「結構」則有「無可挑剔」或是「已經夠了」的這類意思。

假設在對話的時候，發現對方聽不懂你在說什麼，或是你聽不懂對方的意思，就得問問自己，自己或對方是不是陷入了一詞多義的謬誤之中。

參考文獻

Robert Audi, The Cambridge Dictionary of Philosophy, Cambridge University Press, 1999.
Irvinc Copi, Introduction to Logic, Macmillan, 1961.
Bowell Tracy and Kemp Gary, Critical Thinking: A Concise Guide, Routledge, 2015.
Anthony Weston, A Rulebook for Arguments, Hackett Publishing Company, 2018.［アンソニー・ウェストン（古草秀子訳）『論証のルールブック』筑摩書房（ちくま学芸文庫）、2019年。］
新村出（編）『広辞苑』岩波書店、第七版、2018年。

04

循環論證
Circular Argument

意 思	將必須論證檢視的結論當成前提所進行的討論。

關 聯	滑坡謬誤（→30頁）

這點剛剛說過了吧？

「相信 A 說的話沒問題啦，那是因為他是好人啊，因為他是好人，所以能相信喲。」

聽到好朋友這麼說的話，大部分的人或多或少都會對 A 放下戒心吧。

不過，大家不覺得上述的對話有點怪怪的嗎？讓我們試著分析上述對話的構造吧。

「Y 之所以是 Y，是因為有 X。」
「X 之所以是 X，是因為有 Y。」

將注意力放在第一句話的時候，可以發現 Y 是因為 X 才成立

（這裡的 X 是指「A 是好人」，Y 是「A 說的話可以相信」）。若只看到這裡的話，還沒什麼問題，但加上下一句的「因為他是好人，所以能相信」，情況就另當別論了。

因為這時候為了合理化 X，而使用了 Y，如此一來，就變成一種循環構造，而這種不斷循環的討論方式就稱為**循環論證**（Circular Argument）。

這種**循環也會在結論與前提這類項目的數量變多時出現。**當這些項目增加時，就會如下圖以 X1 正當化最後的 Xn，如此一來，就會形成所謂的循環論證。

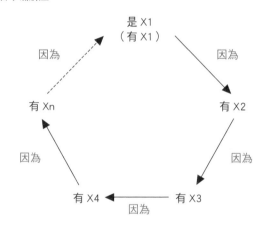

當項目增加，循環的構造就會變得更複雜，也更難分析。換言之，**循環論證就是最初想要合理化的事情最終未能合理化，整個討論陷入無限循環的情況。**

變得稍微複雜之後，就沒那麼不對勁

開頭的例子連續使用了相同的句子，所以一眼就能看出是循環論

證的例子。不過，就算是能一眼看穿這個例子有哪些問題的人，遇到下列稍微複雜的例句，應該也不會覺得有什麼不對勁的地方才對。

> A 說的話可以放心相信，因為他是非常好的人喲。之前他幫過很多人喲，因為他是好人嘛。他之所以是好人，是因為他說的話可以相信喲。

上述的例句與開頭的例子是一樣的意思，但大家應該會覺得，這裡的例句比較有說服力吧。

如果是不帶任何惡意的日常對話，不需要太在意這種循環論證，但如果是遇到正在招募信徒的邪教成員，推銷開運商品的神棍或是老鼠會成員，就很有可能被這種循環論證的話術所騙，陷入難以脫身的困境。

大家不妨想像一下朋友介紹異性朋友給你的情況，或許會更能感同身受。越是想要「跟完美的異性交往」，就越容易誤信對方，但往往都會落得大失所望的下場。

例句結構

A 值得相信　因為　→　是非常好的人　因為　→　幫過很多人　因為　→　是好人　因為　→　A 值得相信

結論一個就好

循環論證就是永遠都在空談，得不到任何合理結論的情況。

若要避免陷入這種情況，只需要仔細觀察最後導出的結論（以開頭的例子而言，就是「A 說的話可以相信」）是否用於合理化該次討

論之中的某個主張（以開頭的例子而言，最後的結論用於合理化「A是好人」的說法）。如果在討論的時候，發現上述的結構，代表有可能正在循環。

如果能注意這點，就能避免自己陷入循環論證，也能輕易看穿對方正以循環論證的方式說服你。

詞彙的定義也會循環

接著讓我們繼續了解「詞彙的定義也會循環」這個與循環論證有關的例子。

若是查詢日文字典《廣辭苑》的「御飯糰」，會找到「捏飯、飯糰」這類解釋，但是「捏飯」的解釋卻是「捏得很扎實的飯、飯糰、御飯糰」。由此可知，詞彙的定義也會循環。

這種**詞彙的循環**也可視為語言在性質上的不穩定，不過，即使是這種不完美的語言體系，我們仍然可透過這種語言進行溝通，而這也是語言的奇妙之處與魅力所在。

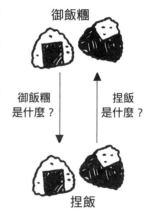

御飯糰

御飯糰是什麼？

捏飯是什麼？

捏飯

參考文獻

Irvinc Copi, Introduction to Logic, Macmillan, 1961.
Bowell Tracy and Kemp Gary, Critical Thinking: A Concise Guide, Routledge, 2015.
Anthony Weston, A Rulebook for Arguments, Hackett Publishing Company, 2018.［アンソニー・ウェストン（古草秀子訳）『論証のルールブック』筑摩書房（ちくま学芸文庫）、2019年。］
高橋昌一郎（監修）・三澤龍志「みがこう!論理的思考力」『Newton』ニュートンプレス、pp.116-119、2021年2月号。
新村出（編）『広辞苑』岩波書店、第七版、2018年。

在滾到坡道底下之前，先確定內容是不是真的
具有因果關係吧！

05

滑坡謬誤
Slippery Slope

意 思	主張最初的一小步會引起後續一連串不可避免的事件，導致原本不該發生的結果發生，所以必須避開最初的那一小步。

關 聯	二分法的謬誤（→14頁）　循環論證（→26頁） 一廂情願謬誤（→58頁）

無法成為律師就無法得到幸福嗎？

　　假設你有一個正在念法學院的兒子，他從小就一直夢想自己成為律師，但現在卻一點也不想讀書。結果你的妻子對這個兒子說了下面這番話。

　　妻：考不過司法考試就當不成律師喲。
　　兒子：我知道啊。
　　妻：當不上律師，就會賺不了錢，賺不了錢，就過不了好生活，
　　　　　過不了好生活，就沒辦法幸福，所以一定要通過司法考試！

　　聽到上述這段對話之後，你也隱約覺得「好像真的是這樣」。不過，事情真的是這樣嗎？

上述這番言論就是所謂的滑坡謬誤（Slippery Slope）。採用這種論證方式的人**會從正確的出發點導出錯誤結論，逼對方承認最初的選擇是錯誤的。**

因此才有人認為，這種論證方式與一廂情願謬誤（Wishful Thinking）章節所介紹的訴諸情感（Argumentum ad Passiones）有關（Tracy and Gary, 2015）。

潛藏於滑坡謬誤的遞移律

在上述的論證之中，出現了條件句（若 A 則 B）的遞移律（「若 A 則 B」與「若 B 則 C」成立，那麼「若 A 則 C」也會成立，此時就是所謂的遞移律），利用下個例句解釋這個構造或許會比較簡單易懂。

> 風一吹，塵埃就跟著揚起，盲人就會變多。盲人會彈三味線，所以需要製作三味線的貓皮，因此貓會減少。接著老鼠會因此增加，老鼠一增加，就會開始咬木桶，所以可得出風一吹，木桶店就賺大錢的結論。

這個例子從「風一吹，塵埃疾跟著揚起，盲人就會變多」開始，最終得到「風一吹，木桶店就賺大錢」的結論（遞移律會於滑坡謬誤的哪個部分出現，可參考下一頁的圖 1）。

基於曖昧的因果關係提出的主張

雖然滑坡謬誤具有前述條件句的遞移律性質，但我們注意的是，

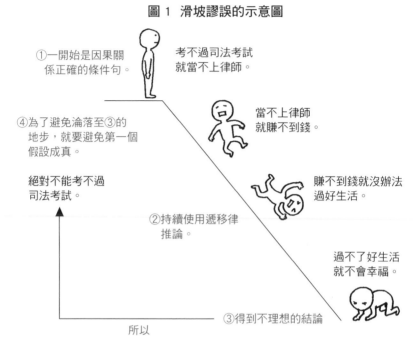

圖 1　滑坡謬誤的示意圖

①一開始是因果關係正確的條件句。

考不過司法考試就當不上律師。

④為了避免淪落至③的地步，就要避免第一個假設成真。

當不上律師就賺不到錢。

絕對不能考不過司法考試。

②持續使用遞移律推論。

賺不到錢就沒辦法過好生活。

過不了好生活就不會幸福。

③得到不理想的結論

所以

條件句是否具有正確的因果關係這點。

　　以開頭的「考不過司法考試就當不了律師」這個例子而言，考不過司法考試的確當不上律師，所以這句話的確具有明確的因果關係。不過，後續的「當不了律師，就賺不了錢」、「賺不了錢，就無法過好生活」、「無法過好生活，就不會幸福」的這些主張**都沒有明確的因果關係**。換言之，**這些都是基於曖昧的因果關係所提出的主張。**

　　以「當不上律師就賺不了錢」這句話為例，這句話其實有「當上律師就不會為錢困擾」的意思，但其實將「律師」換成「醫生」，這句話也一樣成立，換成「公務員」恐怕也一樣成立。

　　由於不一定非得「成為律師」才不會「為錢所困」，所以便可得知**「當不成律師就會賺不了錢」的主張沒有任何明確的證據予以佐證。**

不過，若是被這種邏輯欺騙，無法進一步思考條件句之中的因果關係時，就會被這種以錯誤的論證方式導出的結論說服。

尋找證據與例外

那麼當對方打算以滑坡謬誤說服你的時候，你該怎麼反擊？

最簡單的方法就是「**要對方提出證據**」。若以前面的例子來看，就是要求對方提出「當不上律師就賺不了錢」的證據。

如果兒子或是你這樣反駁，妻子有可能會跟你吵架，所以有些人可能會覺得這麼做，無法真的解決問題。那麼該怎麼做，才能把話說得靈巧，避免夫妻兩人怒目相對呢？

第一步就是不要點出妻子的邏輯有問題，而是先確認兒子是否真的想當律師。如果兒子還沒放棄當律師的夢想，那只要盡力從旁協助即可。如果兒子已經不想當律師了，就要問問不想當律師的理由，以及與兒子一起尋找新目標。

能像這樣問出兒子的意見，全是因為**你已經發現妻子的邏輯有問題**。你能不能避免與妻子起口角，又同時了解兒子真正的想法呢？

參考文獻

Edward Damer, Attacking Faulty Reasoning: A Practical Guide to Fallacy-Free Arguments, Cengage Learning, 2008.

Bowell Tracy and Kemp Gary, Critical thinking: A Concise Guide, Routledge, 2015.

Eugen Zechmeister and James Johnson, Critical Thinking: A Functional Approach, A Division of International Thompson Publishing, 1992. [E.B.ゼックミスタ／J.E.ジョンソン（宮元博章／道田泰司／谷口高士／菊池聡訳）『クリティカルシンキング　実践篇』北大路書房、1997年。]

坂原茂『日常言語の推論』東京大学出版会、1985年。

在這個時代説「會發生○○是因為大家都△△」的話，很有可能是失言。

草率歸納
Hasty Generalization

意 思	資料尚未齊全就進行歸納。

關 聯	挑櫻桃謬誤（→38頁）

寬鬆世代真的不懂工作嗎？

　　媒體常以戰後嬰兒潮、泡沫、失落的世代、寬鬆、醒悟這類詞彙區分不同的世代，以及討論這些世代的特徵。尤其是被稱為接受「寬鬆教育」的寬鬆世代（編注：日本於 2002 年開始推行寬鬆教育，精簡學習量和授課時間，減輕學生負擔，並重視培養思考力和創造力。寬鬆世代則是 1987 年以後出生，接受寬鬆教育的日本人），常被年長的世代認為「沒有毅力」、「做沒兩下就想休息」、「不懂工作」，應該有不少人都覺得憤憤不平才對。

　　某些寬鬆世代的人的確沒什麼毅力或是不懂工作，但其他世代應該也有一些不懂工作的人。

　　許多寬鬆世代的人如今已是 30 歲前後的年紀，正是在職場發光發熱的時候。只要稍微看看身邊的人，就會發現許多寬鬆世代的人正努力地工作著。

草率歸納的經典範例

事實 1：烏鴉會飛
事實 2：麻雀會飛
事實 3：海鷗會飛
事實 4：白鶴會飛

結論（草率歸納）
只要是鳥都會飛

還是有例外！

一如一竿子打翻寬鬆世代一般人一樣，**從少數的個案或印象概括整體的論證方式**，就稱為草率歸納（Hasty Generalization）。

在進行草率歸納的過程中，往往會使用以偏概全的歸納法（Induction Method），以個案的某項特質做出該個案所屬團體也擁有相同特質的結論。

從個案的性質導出整體的性質

接著透過其他的範例說明。

假設某個人的血型為 A 型，而且個性很一絲不苟，另一位 A 型人的個性也很龜毛。接著，另一位 A 型人的個性也一樣謹慎小心，我們就很容易因為這些資訊做出 **A 型人都很一絲不苟的結論**，這時候我們其實**使用了所謂的歸納法**。

不過，有些人無法認同這種結論，因為就算是 A 型人，也有做事馬馬虎虎的人，

這就是顛覆 A 型人**既定印象的反例**。因此，此時的歸納法可說是錯誤的。

如何避免草率歸納？

要避免自己草率歸納，就要常常意識到剛剛提到的反例。

另一個重點是，**在歸納事物的時候，不要過度擴張歸納的範圍。**比方說，「男人都是這樣」或「女人都是這樣」都是過度擴張歸納範圍的說法，很容易找到反例，也很容易陷入草率歸納的陷阱。

因此，在使用「台灣人」、「男性」、「女性」、「年輕人」、「銀髮族」這類涵括範圍較為廣泛的主詞時，一定要提醒自己，其中一定有例外。

對寬鬆世代的批判或許可一笑置之，但如果以偏概全地解釋男性或女性的某些特質，就有可能演變成性別歧視的問題，或是遭受女性主義者抨擊。

此外，如果以「中國人」、「韓國人」這類國籍，或是「白人」、「黑人」這類種族的詞彙概括對應的族群，就很容易演變成歧視或國族仇恨的問題。

尤其現在是每個人都可以透過社群網站向大眾發聲的時代，所以千萬要避免使用涵蓋層面過廣的主語，以免惹上不必要的麻煩。

如果常常一不小心就說出「會發生○○是因為大家都是△△」這種主張，就要讓自己先冷靜下來，想想這個主張是否有反例存在。

歸納法發揮效果的時候

話說回來，在此介紹的歸納法**有時可於行銷這類領域派上用場。**

舉例來說，你針對二十幾歲的年輕男女都在哪裡喝酒的主題進行了調查，結果發現，通常在家裡喝酒的人占整體的 65%，有時選在家

裡喝酒的人占整體的 15%，在家從不喝酒的人占整體的 20%。

　　這時候當然不能做出「二十幾歲的年輕男女都在家裡喝酒」的結論，但至少可以做出「多數的二十幾歲年輕男女會選擇在家喝酒」的結論，而這個結論是開發商品之際，非常實用的資訊。

　　只要能像這樣**活用歸納法（如果能舉出具體的數字就更加理想），就能主張某個團體的多數人符合特定條件**。這種歸納法也通常是說服別人的利器，例如在簡報的時候，就能利用這種歸納法說服聽眾。

利用歸納法進行一般化的手法

事實 1：二十幾歲的年輕男女選擇在家喝
　　　　酒的比例有 65%
事實 2：二十幾歲的年輕男女偶爾在家喝
　　　　酒的比例有 15%
事實 3：二十幾歲的年輕男女在家從不喝
　　　　酒的比例有 20%

是不是該推出能在家喝酒的新產品，讓二十幾歲的年輕人更有機會接觸酒。

假說：選擇在家喝酒的二十幾歲年輕人越來越多。

透過歸納法找出傾向，就能預測市場的需求。

參考文獻

Irvinc Copi, Introduction to Logic, Macmillan, 1961.

Edward Damer, Attacking Faulty Reasoning: A Practical Guide to Fallacy-Free Arguments, Cengage Learning, 2008.

Anthony Weston, A Rulebook for Arguments, Hackett Publishing Company, 2018. [アンソニー・ウェストン（古草秀子訳）『論証のルールブック』筑摩書房（ちくま学芸文庫）、2019年。]

Eugen Zechmeister and James Johnson, Critical Thinking: A Functional Approach, A Division of International Thompson Publishing, 1992. [E.B.ゼックミスタ／J.E.ジョンソン（宮元博章／道田泰司／谷口高士／菊池聡訳）『クリティカルシンキング　実践篇』北大路書房、1997年。]

高橋昌一郎（監修）・三澤龍志「みがこう!論理的思考力」『Newton』ニュートンプレス、pp.108-111、2020年12月号。

不管是誰，都只會看到想看到的東西，也只會讓
人看自己想讓別人看的東西。

07

挑櫻桃謬誤
Cherry Picking

意 思	只注意有利於自己的特定證據，忽略其他不利自己的證據。

關 聯	草率歸納（→34頁）　稻草人謬誤（→54頁） 一廂情願謬誤（→58頁）

只看想看的，只能看見想看的東西的人

　　保險公司、旅行社、投資信託公司、住宅建設公司的宣傳手冊，或是介紹商品的網頁都會有一個共通點，那就是**基本上只列出「正面資訊」**。

　　有些人會在看了這些宣傳之後，開始想像屬於自己的夢想，進而購買相關的產品，有些人會因此覺得滿足，有些人卻會因此失望。

　　企業不太可能列出「導覽員不足，所以常造成旅行不便」、「我因為投資而損失了大筆退休金」、「蓋出來的房子跟想像的不一樣」這些「客訴」。

　　這些宣傳工具都是為了激發潛在客戶的購買意願而設計，所以會刻意列出大量的「正面資訊」。

　　當然，個人也有可能會這麼做，而這種**只列出正面證據，忽略負**

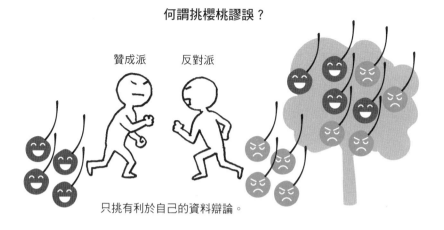

何謂挑櫻桃謬誤？

贊成派　　反對派

只挑有利於自己的資料辯論。

<u>面證據的行為</u>就稱為<u>挑櫻桃謬誤</u>（Cherry Picking）。

　　舉例來說，大家應該很常聽到婚前愛得死去活來時，眼裡只看到對方的優點，婚後同住之後，只看得到對方的缺點，導致離婚收場的例子吧？這就是所謂的挑櫻桃謬誤（反過來說，只看得到缺點也是挑櫻桃謬誤的一種）。

▌不想看到不利於自己的事物

　　<u>陷入挑櫻桃謬誤的人常常只提出有利自己的證據，企圖藉此說服對方。</u>

　　不過，除了這些「有利自己」的證據之外，應該還有一些有礙本身主張，不利於自己的證據才對。

　　如果列出這些不利自己的證據會推翻自己的主張，這些人會在討論事情的時候，不自覺地隱瞞這些證據。

聽到這裡，或許有些人會覺得挑櫻桃謬誤是不該有的行為。如果是潛意識這麼做，那的確是一大問題。

不過，如果不是為了造成別人損失，就不用太過苛責，因為在某些場合或立場之下，往往會像開頭提及的宣傳手冊一樣，只列出正面的證據。

以簡報為例，**如果對自己或公司的企劃有信心，只列出正面的資訊會比較容易說服客戶簽約。**

話說回來，如果一味地強調優點也會讓對方起疑，此時不妨一邊提出缺點，一邊強調利大於弊的優點，或許更能贏得對方的信任。

像這樣巧妙地利用挑櫻桃謬誤，就能提升別人對你的評價。

認 同 之 餘 ， 也 要 心 存 懷 疑

另一方面，如果對方想要透過相同的手法來說服你，你又該怎麼反擊呢？

當你覺得對方說得實在太過美好，**就要懷疑對方是不是隱瞞了一些不利的部分。**

如果在簽訂房屋買賣契約或是保險契約之後，才發現對方隱瞞了一些實情，就有可能蒙受損失。

不過，若能在簽約之前知道這些實情，以及向對方確認該如何克服這些問題的話，或許就能順理成章地接受一切。

面 對 挑 櫻 桃 謬 誤 的 方 法

一如「禮多必有詐」這句俗語，大部分的事情都像硬幣一樣有正

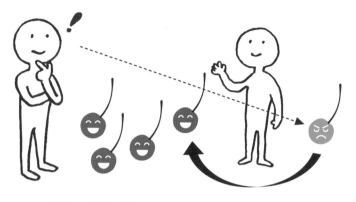

就算是不利自己的資訊，只要能收集足以說服對方的證據，
對方對你的印象就會截然不同。

反兩面。

　　除了無意識陷入挑櫻桃謬誤的情況之外，故意忽略不利自己的資訊，也很有可能會被對方挑出毛病。

　　面對那些不利自己的資訊與思考對策，才能保護自己，以及讓對方全盤相信你的建議。

　　之後再列出有利自己的證據，就能得到更多的好處。

參考文獻

Edward Damer, Attacking Faulty Reasoning: A Practical Guide to Fallacy-Free Arguments, Cengage Learning, 2008.

高橋昌一郎『感性の限界』講談社（講談社現代新書）、2012年。

高橋昌一郎『反オカルト論』光文社（光文社新書）、2016年。

08

賭徒謬誤
Gambler's Fallacy

意 思	明明紅、黑兩色的輪盤每次都是是獨立的隨機事件，卻以為珠子連續落在紅色之後，下次一定會落在黑色的情況。

關 聯	合取謬誤（→66頁）

為什麼賭博很難戒得掉？

許多沉迷於柏青哥或吃角子老虎的人，都會陷入一個共通的思考迴路。

那就是不管輸幾次，都會覺得「已經這麼久沒開大獎，是時候準備開大獎了」，然後不斷地把錢丟進機器裡。

姑且不論之後是不是真的會開大獎，但輸的錢越多，這些賭徒就越容易失去理智，無法冷靜地判斷眼前的狀況。

這種讓人容易身陷柏青哥或其他賭博遊戲的思考模式稱為**賭徒謬誤**（Gambler's Fallacy）。最常用來說明這種謬誤的例子，就是在1913 年摩納哥蒙地卡羅賭場（Casino de Monte-Carlo）發生的事件。

當時輪盤上的珠子曾連續 26 次落在黑色，讓那些以為「下次肯定會落在紅色」的賭徒傾家蕩產。

連續5次落在黑色的機率有多少？

大部分的人會覺得連續出現相同的結果之後，下次應該會出現不同的結果，但是為什麼大家會有這種想法呢？

轉動輪盤之後，珠子落在紅色與黑色的機率各是 1/2。假設已連續出現 4 次黑色，那麼第 5 次連續出現黑色的機率可利用圖 1 的公式計算。

也就是僅有 3.125% 而已。由此可知，接下來再出現黑色的機率也很低，所以賭徒當然會覺得「下次一定要押紅色」。

的確，從機率來看，的確是不太可能再出現黑色，所以會以為接下來肯定是紅色也是情有可原。

我們很常把在短時間之內發生的連續事件看成漫長的連續事件（若將時間拉長，就會發現紅黑輪盤出現紅色與黑色的機率各是一

圖 1 賭徒謬誤與正確的思考方式

第 1 次	第 2 次	第 3 次	第 4 次	第 5 次
黑	黑	黑	黑	?

$$\frac{1}{2} \times \frac{1}{2} \times \frac{1}{2} \times \frac{1}{2} \times \frac{1}{2}$$

第 5 次出現黑色的機率只有 3.125%，
反觀出現紅色的機率超過 96%。
那當然要押紅色！

第 5 次出現紅色的機率為 $\frac{1}{2}$。
上述的計算充其量是「連續 5 次」出現黑色的機率，
不是「下一次出現黑色的機率」。

半），過度期待紅與黑的出現機率各為一半，這種情況就稱為**小數法則**（Law of Small Numbers）（Tversky and Kahneman, 1971）。

一般認為，這種過度的期待也是讓人們沉迷賭博的因素之一。

不該重視連續的機率，而是每一次的機率

在前述的輪盤例子裡，賭徒應該要發現「每次」出現紅色或黑色的機率。其實只要冷靜下來就不難明白，每次轉動輪盤之後，出現紅色或黑色的機率永遠都是 1/2，而且不管轉動幾次輪盤，機率都不會改變。

連續出現 5 次黑色的機率的確是 1/32，所以會直覺地認為下次不會再出現黑色，但其實這種想法摻雜著下列的謬誤。

出現紅色與黑色的機率永遠都是 1/2，所以下次出現紅色的機率當然也是 1/2。之所以會以為下次不會出現黑色，**是因為忽略了不管之前出現過什麼顏色，都無法影響接下來出現紅色或黑色的機率**，換言之，賭徒應該要知道的是**每賭一次，就得重新預測出現紅色或黑色的機率。**

只要能了解這一點，就不會沉迷於賭博，也有機會說服別人戒掉賭博。

不過，如果像圖 2 那樣過度樂觀也不太好，凡事還是得適可而止才對。

過去的結果不會影響未來

從剛剛的輪盤範例還能得到另一個教訓，那就是**過去不會影響**

圖 2 過去不會影響未來（賭博的情況）

第 1 次	第 2 次	第 3 次	第 4 次	第 5 次
損龜	損龜	損龜	損龜	？

連輸 4 次的確不代表第 5 次也會輸。
所以再賭一把！

要是這樣的話，就永遠戒不了賭了……

<u>未來</u>。

這個概念也可套用在其他的事情上。

我們的過去與未來當然是連續的，也無法截斷兩者之間的關聯，但也不可能一直遇到壞事，所以「下次說不定會遇到好事」、「樂觀進取的心態一定能夠成功」的積極心態，也不見得只是自我安慰。

參考文獻

Bowell Tracy and Kemp Gary, Critical Thinking: A Concise Guide, Routledge, 2015.
Amos Tversky and Daniel Kahneman, "Belief in The Law of Small Numbers," Phycological Bulletin: 76, 105-110, 1971.
市川伸一（編）『認知心理学4:思考』東京大学出版会、1996年。
高橋昌一郎（監修）『絵でわかるパラドックス大百科 増補第二版』ニュートンプレス、2021年。
服部雅史／小島治幸／北神慎司『基礎から学ぶ認知心理学:人間の認識の不思議』有斐閣（有斐閣ストゥディア）、2015年。

09

訴諸人身謬誤
Abusive Ad Hominem

意 思	不討論問題，只批判對方的個性，藉此逼退對方的意思。

關 聯	你也一樣論證（→50頁）　稻草人謬誤（→54頁）

▌不會打掃與洗衣服就不會煮飯？

　　請大家先閱讀下面的電話內容。如果你是對話裡的丈夫，你能接受妻子這樣的說法嗎？如果你是妻子，會覺得自己只是說了理所當然的話嗎？

夫：喂。
妻：怎麼了？
夫：今天的晚餐我來煮吧，你想吃什麼？
妻：你在說笑嗎？明明連打掃、洗衣服都做不好的人，會煮什麼料理啊？
夫：說得也是，抱歉啦，那你今天早點回來就好了。

讀完之後，應該有不少人無法認同妻子的說法吧，因為妻子批評的不是丈夫說的事情，而是說這些事情的丈夫，而且還以這種理由否定丈夫的主張。

這種**棄主張於不顧，直接攻擊對方，藉此逼退對方的謬誤**稱為**訴諸人身謬誤**（Abusive Ad Hominem）。

這其實是人身攻擊的一種。**所謂的人身攻擊，就是在評論對方的主張是否正當時，不將重點放在主張本身，而是批評對方這個人，例如批評人格、職稱、出身、經歷這些與主張沒有關係的部分。**

人身攻擊主要分成三大部分，其中之一就是本節介紹的訴諸人身謬誤（Hansen, 2020）。

剩下兩種的其中之一稱為**情境性訴諸人身謬誤**（Ad Hominem Circumstantial），這是一種為了自己的利益，強調自己的主張沒錯，藉此責備對方的論證方式（這種情境性訴諸人身謬誤算是訴諸人身謬誤的變種）。另一種則是下一節介紹的**你也一樣論證**（Tu Quoque）。

訴諸人身謬誤的示意圖

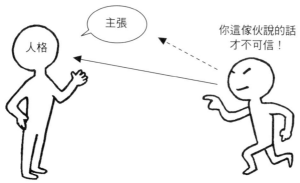

主張

人格

你這傢伙說的話才不可信！

忽視對方的主張與攻擊對方的人格或行為，
藉此否定對方的主張。

被別人人身攻擊反而勝利近在眼前？

被別人人身攻擊的時候，眼裡很可能只意識到自己的缺點，忘記自己的主張有可能是正確的，也很可能因為一些與問題無關的小事被對方辯倒。

不過，就算對方一直攻擊你的弱點，你也必須毅然決然地主張這些弱點與你的意見沒有關係，只是有時候現場的氣氛或是你與對方的關係，會害你沒辦法如此強硬地主張。

另一個想請大家記住的是，被別人人身攻擊時，**有可能勝利已近在眼前**。因為發動人身攻擊的人很可能已無法反駁你的主張，換言之，對方知道正面攻擊已無法獲勝，所以才顧左右而言他。

可以將對方的人格與一言一行分開討論嗎？

不顧對方的人格或立場，只討論對方的主張，真的合理嗎？或許有些人會有這樣的疑問。

比方說，某位政治家發表了一些帶有歧視的言論，大眾媒體與輿論也以「政治家怎麼可以這麼說！」一同撻伐這位政治家。

但如果說這番話的是在你家附近小酒館喝醉的醉漢又當何論？想必你一定也不會在意吧？由此可知，**有時候「是誰說的」會比「說的內容」來得更加重要。**

假設有個人主張「家庭主婦真爽，每天都很輕鬆」，你應該會想像是什麼樣的人會說出這種話吧？如果是知道家庭主婦全年無休的人（當然不是每個人都全年無休），或是知道家庭主婦每天要煩惱的事情很多，應該就不會說出這種話才對。

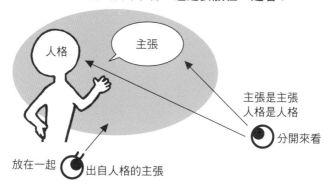

主張與人格要分開來看，還是要放在一起看？

人格

主張

主張是主張
人格是人格

分開來看

放在一起

出自人格的主張

　　如此一來，**當然會覺得對方的人格會對他的一言一行造成影響**，也會覺得就算把重點放在對方身上，向對方發動人身攻擊，也是因為對方的一言一行反映了對方的人格特色，所以人身攻擊不是什麼惡劣的手段。

　　不過要請大家記住一點，**攻擊出身、性別、國籍、種族、外貌、宗教……這類難以透過自身意志改變的屬性，是一種踐踏對方尊嚴的歧視，也是於理不容的行為。**

參考文獻

Hans Hansen, "Fallacies," in The Stanford Encyclopedia of Philosophy, edited by Edward N. Zalta, ⟨https://plato.stanford.edu/archives/sum2020/entries/fallacies/⟩, 2020.

Bowell Tracy and Kemp Gary, Critical Thinking: A Concise Guide, Routledge, 2015.

Anthony Weston, A Rulebook for Arguments, Hackett Publishing Company, 2018.［アンソニー・ウェストン（古草秀子訳）『論証のルールブック』筑摩書房（ちくま学芸文庫）、2019年。］

Eugen Zechmeister and James Johnson, Critical Thinking: A Functional Approach, A Division of International Thompson Publishing, 1992.［E.B.ゼックミスタ／J.E.ジョンソン（宮元博章／道田泰司／谷口高士／菊池聡訳）『クリティカルシンキング　実践篇』北大路書房、1997年。］

伊勢田哲治『哲学思考トレーニング』筑摩書房（ちくま新書）、2005年。

10

你也一樣論證
Tu Quoque

| 意 思 | 指出對方的主張與日常的行為不同，藉此轉移焦點，讓對方認輸的論證方式。 |

| 關 聯 | 訴諸人身謬誤（→46頁）　稻草人謬誤（→54頁） |

你有資格這麼説嗎？

正在咖啡廳讀書的你突然聽到店員正在吵架，其中一位店員似乎因為不小心點錯了客人的餐點而被另一位店員責備。

店員 1：為什麼你連幫客人點餐都會搞錯啊！

店員 2：我也不想啊，誰叫類似的餐點那麼多。

店員 1：可是這次是把燉飯點成義大利麵耶！燉飯跟義大利麵差那麼多。

店員 2：同一桌的另一位客人點了燉飯，所以我才以為另一位客人點的也是燉飯！你幹嘛從剛剛罵到現在，你之前也曾經出錯餐啊！

想必大家都聽過「你還不是一樣……」這種抱怨與反駁吧！聽到這種反駁時，應該很少人可以立刻回嘴。

這種以「你還不是一樣」的句子展開的反擊稱為**你也一樣論證**（Tu Quoque）。這種論證方式是當對方準備責備你的時候，以對方也曾犯過相同的錯來轉移焦點的方法，與前一節的**訴諸人身謬誤**（Abusive Ad Hominem）一樣，都屬於**人身攻擊**的一種。

回到主題

為什麼這種論證方式能讓對方無從反駁呢？

那是因為對方的確也曾犯過相同的錯誤，但要特別注意的是，**那些用於說服對方的部分（指出你也曾犯過相同過錯的部分）與討論的主題無關。**

點錯餐當然不應該，但這次發生的問題在於「現在，點錯餐這件事」。

所以，就算在別件事情上站不住腳，也不代表在現在這件事情上站不住腳。

由此可知，當對方說「你還不是一樣……」的時候，你只需要回一句「這跟現在這件事情沒有關係」就夠了，如此一來，對方就無法繼續轉移焦點才對。

互相抹黑

其實在討論的時候轉移焦點的人非常多，你應該也曾經在跟別人吵架時，以「你還不是一樣」這句話反駁對方才對，或許是因為這種

反駁有可能是最方便的藉口。

　　不過，這種「你也一樣論證」有時會被用來反擊訴諸人身謬誤的方法。讓我們看看下面的例子。

夫：喂。

妻：怎麼了？

夫：今天的晚餐我來煮吧，你想吃什麼？

妻：你在說笑嗎？明明連打掃、洗衣服都做不好的人，會煮什麼料理啊？

夫：你還不是一樣，炸的天婦羅沒有一次好吃的！

「你也一樣論證」可將對方的批評轉換成對方的缺點

要小心迴力鏢打到自己

　　為了做出有建設性的結論，最好不要使用「你也一樣論證」。
請大家回想一下，指責他人的人以及被指責的人都不是完美的這件事。

如果這只是電話的內容那就還好，因為就算有一邊氣得掛電話，至少彼此還能在妻子回家之前冷靜下來。

不過若是面對面的對話，就很有可能演變成一場夫妻大戰。**不管是人身攻擊還是你也一樣論證，最終只會演變成互抹泥巴的大混戰，讓彼此的關係陷入泥沼。**

避免聽到「你也一樣」的方法

若不想聽到「你也一樣」這種話，最好的方法就是不要犯錯，但是只要是人就會犯錯。

假設是上司與下屬的關係，上司就不得不指出下屬的失誤。假設上司不想聽到下屬說「你也一樣」這種話，選擇忽略下屬的失誤，就無法建構健全的上下關係，上司也不像個上司。

就算會被下屬說「你也一樣」，能幹的上司還是會指出下屬的失誤，以及嚴格要求自己。

參考文獻

Edward Damer, Attacking Faulty Reasoning: A Practical Guide to Fallacy-Free Arguments, Cengage Learning, 2008.

Hans Hansen, "Fallacies," in The Stanford Encyclopedia of Philosophy, edited by Edward N. Zalta, 〈https://plato.stanford.edu/archives/sum2020/entries/fallacies/〉, 2020.

Bowell Tracy and Kemp Gary, Critical Thinking: A Concise Guide, Routledge, 2015.

高橋昌一郎(監修)・三澤龍志「みがこう!論理的思考力」『Newton』ニュートンプレス、pp.112-115、2021年1月号。

偷換概念，攻擊虛構意見或是被虛構意見攻擊的人。

11

稻草人謬誤
Straw Man

意思	試圖簡化或激化對手的主張，再針對這種被扭曲的主張展開反擊。
關聯	挑櫻桃謬誤（→38頁）　訴諸人身謬誤（→46頁） 你也一樣論證（→50頁）

▋察覺被偷換概念

　　雖然是無聊到連狗都不想咬一口的例子，請大家試著從下列的夫妻對話找出不對勁的地方。

> **妻**：我已經受夠你了，拜託你把菸戒一戒啦！小孩有可能會吸到你的二手菸，而且抽菸又很浪費錢。
>
> **夫**：沒差吧，抽菸又不是什麼奢侈的事，而且我只是把一部分的零用錢花在興趣上，妳要不要順便戒掉每天喝的星巴克啊？

　　不知道大家有沒有發現，丈夫偷偷地轉移了討論的焦點呢？明明妻子是基於「健康與金錢的問題，才要求丈夫戒菸」，但丈夫卻把妻子的主張偷偷換成「所有興趣都不好」，藉此反駁妻子，以及合理化

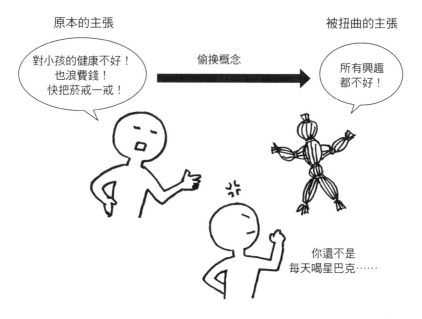

稻草人謬誤的示意圖

原本的主張   被扭曲的主張

對小孩的健康不好！
也浪費錢！
快把菸戒一戒！

偷換概念

所有興趣
都不好！

你還不是
每天喝星巴克……

抽菸這項行為。

這種**偷偷簡化或激化發言者的主張，再攻擊被莫名扭曲的論點，讓局面倒向自己的論證方式**稱為稻草人謬誤（Straw Man）。

偷換概念，讓局面倒向自己的論證方式還有前一節的**你也一樣論證（Tu Quoque）**，以及下列的**白飯論法**（編注：法政大學上西充子教授以吃飯為例，分析日本國會對話模式，指出政治人物在面對質詢時，如何轉移話題焦點，避重就輕）。

在日本國會形成話題的「白飯論法」是什麼？

沒聽過稻草人謬誤的讀者，應該聽過「白飯論法」吧。

白飯論法的示意圖

妻：今天回來得有點晚耶，在外面吃過飯才回來的嗎？

夫：我還沒吃飯啦（不過有喝了酒）。

被問「吃飯了沒」的丈夫故意將喝酒（一般來說，會順便吃點東西）偷換成「吃飯」，讓妻子無法繼續追問。

意思是，**丈夫沒有說謊，只是沒說出事實而已。**就算後續被妻子罵「你剛剛不是說沒吃？」也可以找「我是說沒吃飯啊，但沒說沒吃其他的東西」這類藉口反駁。

稻草人謬誤是對被扭曲的主張展開攻擊，但**白飯論法則是巧妙地轉移本來的焦點。**

最常於白飯論法出現的詞彙包含「戀人」、「酒」、「考試」，而這些詞彙的共通之處在於**乍看之下，每個人都知道這類詞彙的意思，說話者卻能自行定義這類詞彙。**

話說回來，這種「白飯論法」的論證方式，只是逃避責任的狡辯與遁詞，只要進一步追問，大部分的人都會為了自己的幼稚而感到羞愧，以及舉白旗投降。

不帶任何成見的思考非常重要

當別人想以稻草人謬誤這類歪曲論題（Ignoratio Elenchi）的方法說服你的時候，若沒有發現對方偷換了概念，就很容易被騙得團團轉。

如果你發現對方正以稻草人謬誤的方式責備你，就必須仔細想想，對方責備你的理由，是否是你原本的主張。

只要仔細聽聽對方的主張就會發現，對方根本不該拿自己的主張來批評你的主張。

如果對方想以稻草人謬誤的論證方式批評你，你可以和對方說：「我沒這麼說過喔！你搞錯重點了。」將主題拉回來。要注意的是，越慢指出對方偷換概念，討論就會持續空轉，得不出任何結論。

參考文獻

Edward Damer, Attacking Faulty Reasoning: A Practical Guide to Fallacy-Free Arguments, Cengage Learning, 2008.

Bowell Tracy and Kemp Gary, Critical Thinking: A Concise Guide, Routledge, 2015.

Eugen Zechmeister and James Johnson, Critical Thinking: A Functional Approach, A Division of International Thompson Publishing, 1992. .[E.B.ゼックミスタ／J.E.ジョンソン（宮元博章／道田泰司／谷口高士／菊池聡訳）『クリティカルシンキング　実践篇』北大路書房、1997年。]

伊勢田哲治／戸田山和久／調麻佐志／村上祐子（編）『科学技術をよく考える　クリティカルシンキング練習帳』名古屋大学出版会、2013年。

高橋昌一郎（監修）・三澤龍志「みがこう!論理的思考力」『Newton』ニュートンプレス、pp.112-115、2021年1月号。

有希望比絕望更好，有證據比有希望更可靠，沒有證據，那就加點熱情與責任吧。

12

一廂情願謬誤
Wishful Thinking

意 思	比起不如意的結果，更期待得到理想的結果

關 聯	二分法的謬誤（→14頁）　　滑坡謬誤（→30頁） 挑櫻桃謬誤（→38頁）

▌大家是否凡事只往好的方向預測？

假設你是名大學三年級的大學生，正與幾位朋友在大學的餐廳吃午餐，結果你聽到朋友說了下列這番話。

朋友1： 聽說今年的景氣非常差，許多企業都在大幅縮減徵才的規模耶。

朋友2： 對啊，我原本想當空服員的，怎麼辦啊⋯⋯今年沒有半家航空公司擴大徵才啊。

朋友1： 我最想進去的公司也沒有擴大徵才，所以我也很擔心，不過，明年的景氣似乎就會復甦了，所以我覺得這家公司明年應該會擴大徵才，以彌補今年不足的缺額，我希望一切真能這樣就太好了。所以，我相信結果一定會是

這樣。

朋友 2：對啊，明年一定會徵更多員工的。

聽到這番對話的你心裡暗想：「事情怎麼可能如此順利……就算景氣真的復甦、業績真的成長，為了填補之前的虧損，應該還是會縮減徵才規模才對，還不如先拿幾張證照再說。」

像這對朋友凡事只往好處想的情況稱為**一廂情願謬誤**（Wishful Thinking）。

意思是，明明沒有任何證據支持自己的主張，卻以為自己的主張非常正確。常犯下一廂情願謬誤的人，往往也有**挑櫻桃謬誤**（Cherry Picking）的問題，會一味地搜尋有利自己的證據，藉此鞏固自己的論調。

如 果 敗 給 對 方 的 熱 情 ……

會被這種一廂情願的論調說服的人，或多或少都是因為**輸給對方的熱情**。

你當然也能以一句：「話說回來，你的說法有什麼證據？」潑對方一盆冷水，這也是讓那些一廂情願的人徹底清醒的絕招。

不過，有時候會礙於與對方的關係或是現場的氣氛，難以一針戳破對方的主張。比方說，當你聽到地位高於自己的人做出過於樂觀的預測時，很難直接了當地說：「可是，這預測又沒有客觀的證據支持，說到底只是你的主觀認定吧？」就算你與對方是對等的關係，這麼做也會傷害對方，或是被對方討厭，所以鄉愿的「濫好人」就很有可能把話吞回肚子裡。

活用一廂情願的態度與熱情

在職場或體育的世界裡，「熱情」也是評估一個人的指標之一，所以我們也不該一味地否定。

如果你發現自己的主張缺乏證據，只是一廂情願的說法，卻仍然希望別人接受你的主張時，不妨施展你的熱情，讓對方願意接受你的說法。要注意的是，這時候你也要讓對方知道，你願意對自己說過的話負責。這份覺悟有多強烈，對方感受到的熱情就有多真摯。

順帶一提，除了熱情之外，還有許多訴諸情感的手法。

比方說，為了推銷開運商品而使用的訴諸恐懼手法就是其中之一。

所謂的**訴諸恐懼**（Appeal to Fear）就是告訴對方「如果不這麼做，就會發生很可怕的事情」，藉此說服對方的手法。這種動搖對方心情，導出理想結論的手法也被歸類為**訴諸情感**（Argumentum ad Passiones）。

該如何推動沒有實證支持的事情？

希望與絕望的平衡

　　既然有一廂情願的謬誤，當然也有**凡事只往壞處想**（總是以為結果會不如預期，陷入過度絕望的狀態）的謬誤。

　　覺得什麼事情都會好轉的人就算失敗，也能立刻告訴自己「再挑戰別的事情就好」，但是凡事只往壞處想的人，卻常常因為害怕失敗而不敢挑戰任何事情。

　　如果是你，願意和哪種人一起工作呢？就算前者的「自信沒有任何根據」，前者與後者給人的印象應該完全不同才對。

一廂情願：高風險

絕對會成功！

希望會成功！

有何根據？
證據咧？

只要挑戰，就有機會成功

做了就會成功嗎？
沒人知道做了
會不會成功吧？

一定不會
如預期順利！

肯定會失敗！

凡事只往壞處想：低風險

不挑戰，就不太可能成功

參考文獻

Edward Damer, Attacking Faulty Reasoning: A Practical Guide to Fallacy-Free Arguments, Cengage Learning, 2008.

Eugen Zechmeister and James Johnson, Critical Thinking: A Functional Approach, A Division of International Thompson Publishing, 1992. [E.B.ゼックミスタ／J.E.ジョンソン（宮元博章／道田泰司／谷口高士／菊池聡訳）『クリティカルシンキング　入門篇』北大路書房、1996年。]

高橋昌一郎『自己分析論』光文社（光文社新書）、2020年。

13

蒙面人謬誤
Masked Man Fallacy

意　思	因置換知識不足而生的謬誤。

關　聯	堆垛謬誤（→18頁）　一詞多義的謬誤（→22頁） 四詞謬誤（→78頁）

克拉克・肯特＝超人

不知道大家有沒有看過《超人》（*Superman*）這部電影？劇中的克拉克・肯特其實是救苦救難的超人。

那麼請大家思考下列的情況。

某位女性不知道自己的好朋友克拉克・肯特就是超人。但某一天，有位朋友問她：「妳跟超人是好朋友？」但她不知道克拉克・肯特就是超人，所以當然否定這位朋友的說法。

但是，她明明認識「克拉克・肯特（＝超人）」，所以否定自己認識超人這件事是不正確。

這位女性陷入了所謂的蒙面人謬誤（Masked Man Fallacy），

女性認識超人嗎？

錯誤

我怎麼可能
會認識超人？

正確

女性認識身為超人的
克拉克·肯特，所以也認識超人。

這項謬誤是由歐布利德斯（Eubulide）提出的（Laertii, 1984）。

否定自己認識超人的這位女性有什麼錯呢？其實命題會依下列的
內容成立。

假設兩種表現方式（例如名稱）的 e 與 e' 代表的是同一個對象，
而且眼前有一個命題 P，
其中使用的是表現方式 e，
那麼將 P 的 e 置換成 e'，
命題 P 的真偽也不會有任
何改變。

這種**可置換的命題**稱為**外
延式命題**（Denotation）。在

外延式命題

$e = e'$

e
P

可置換
$=$

e'
P

前面的例子裡，將「認識克拉克‧肯特」換成「認識超人」，這句話依舊成立。

不過，在當事人不知道克拉克‧肯特就是超人的前提下，就很難如此置換。

有時無法置換

另一方面，也有**無法置換的特殊命題**，這類命題就稱為**內涵式命題**（Intension）。

比方說，包含「相信」、「愛」、「盼望」、「懷疑」這類動詞的命題。這類動詞的特徵，在於動作主（執行這類動作的人）的想法與看法會影響句子是否成立。

請大家思考下列的置換過程。

步驟 1：某位女性一直相信「克拉克‧肯特是個不起眼的男人」。
步驟 2：將「克拉克‧肯特」換成「超人」。
步驟 3：某位女性一直相信「超人是個不起眼的男人」。

內涵式命題

雖然多數人會認同步驟 1 的說法，但應該不會覺得步驟 3 會在步驟 2 的置換之後成立。

句中的「相信」屬於內涵式動詞，所以無法將克拉克・肯特換成超人。如果句子之中出現了內涵式動詞，開頭範例的那種置換方式就無法成立。

■ 真 正 的 想 法 是 ？

明明可以置換，卻因為使用了內涵式動詞，而發生了意想不到的問題。

在超人的例子裡，女性其實沒說清楚她「到底如何看待他（克拉克・肯特＝超人）？」（這個問題的答案可以是「不起眼的男人」、「可靠的男人」、「可有可無的男人」，但都不算是正確解答）。由此可知，只要是牽扯到人心，事情就會變得更加複雜。

大家應該都遇過自己深信不疑的事情，被別人莫名其妙說是「錯的」，或是明明不相信某件事情，卻被別人苦勸「你應該要相信才對」。在這種情況下，我們很容易追究自己或別人的錯誤。不過，**只要能了解蒙面人謬誤的原理，就能告訴自己，是其他的原因（置換的方法、動詞的性質）造成這些事情，也能從其他的觀點看待問題，也就能以不同以往的方式解決問題。**

参考文獻

Robert Audi, The Cambridge Dictionary of Philosophy, Cambridge University Press, 1999.
Diogenis Laertii, Vitae Philosophorum, 2 vols., edited by Herbert Long, Oxford University Press, 1964.［ディオゲネス・ラエルティオス（加来彰俊訳）『ギリシア哲学者列伝・上』岩波書店、1984年。］
Bowell Tracy and Kemp Gary, Critical Thinking: A Concise Guide, Routledge, 2015.
山本光雄／戸塚七郎（訳編）『後期ギリシア哲学者資料集』岩波書店、1985年。

14

合取謬誤

Conjunction Fallacy

意 思	在「A and B」的情況下只看到「A」（或是只看到「B」）的選項時，誤以為「A and B」的機率比只有「A」（或是只有「B」）的機率更高。

關 聯	賭徒謬誤（→42頁）　信念偏見（→82頁）

琳達是怎麼樣的人？

接著請大家思考下列的問題。

琳達是一位 31 歲的單身女性，說話坦率直接，腦袋聰明，大學主修的是哲學。從學生時代開始就非常關心歧視與社會正義這類問題，也曾經參加過反核遊行。

底下有兩項形容琳達現況的選擇，哪一種比較有可能符合琳達給人的印象呢？請選擇可能性較高的一種。

①琳達是銀行出納。

②琳達既是銀行出納，平日也積極參與女性主義運動。

我想，大部分的人應該都會選擇②吧。這個問題就是知名

的琳達問題（the Linda problem），是經典的合取謬誤（Conjunction Fallacy）示例之一（Tversky and Kahneman, 1983）。所謂的「合取」就是「和（and）」的意思。

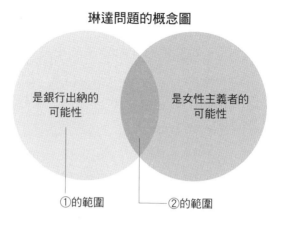

琳達問題的概念圖

是銀行出納的可能性

是女性主義者的可能性

①的範圍　　②的範圍

在參與實驗的人之中，有 85% 選擇了選項②。

但其實正確解答，也就是較可能是琳達現況的選項是①。

具代表性的性質被重視

琳達問題常與代表性捷思（Representativeness Heuristic）（Kahneman and Tversky, 1972）放在一起討論。

所謂的捷思是指簡單快速達成目標的方法，常與演算法（保證能找到正確解答的步驟）形成對比，而根據某個目標代表某個特定團體的程度，判斷該目標隸屬該團體的機率則稱為代表性捷思。

接著讓我們一起看看以代表性捷思這個方法思考琳達問題時，會產生什麼效果。

選項①與選項②都有「銀行出納」這個屬性，照理來說，單一條件的選項比較有可能是琳達的屬性才對。

可是，許多人為了回答問題，而過度重視琳達某些特質，所以大部分的人才會因為前述那些屬於琳達的特徵，覺得「琳達既是女性主

捷思是什麼？

不遵循符合邏輯的流程，憑直覺解決問題的捷徑。
在各種捷思之中，將注意力放在對象特徵，
再進行判斷的捷思稱為「代表性捷思」。

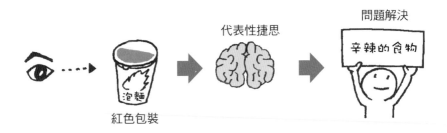

義者，又是銀行出納」，而不會覺得「琳達只是銀行出納」。

換言之，大部分的人認為，琳達擁有的屬性（關心歧視、社會正義這類問題，平日也會參加遊行的屬性）與代表女性主義者的屬性極為接近，所以才會高估琳達可能是女性主義者的機率。

不自覺地對人事物產生過度的期待

一旦陷入這種謬誤之中，就很容易錯估某些人事物。

假設你準備購買一台新電腦。這台電腦的性能很高，也很受歡迎，但是當你陷入代表性捷思的謬誤之中，你就會不知不覺地過度期待這台新電腦。

換言之，當你在思考這台電腦「只是性能很強」的機率與「性能很強，又很方便使用」的機率時，會因為過度期待而誤以為後者的機率較高。

然而就實際情況而言，「只是性能很強」的機率比較高。

條件越多，適用範圍就越狹窄

那麼該怎麼做才能避免自己陷入這種謬誤？

讓我們透過先前的「琳達問題」尋找答案吧。既是女性主義者，又是銀行出納的人，只是銀行出納的人的一小部分（若以電腦的例子來看，「性能又高，又方便操作的電腦」只是「高性能電腦」的一小部分）。

一旦增加了女性主義者這個條件，符合這項屬性的人數應該會比沒有其他屬性，單純只是銀行出納的人更少才對，所以，琳達既是銀行出納，平日又參加女性主義運動的機率，也不可能超過琳達單純只是銀行出納的機率。

我們必須時時注意自己是否陷入「合取謬誤」，問問自己是否犯了代表性捷思的錯誤。

參考文獻

Daniel Kahneman and Amos Tversky, "Subjective Probability: A Judgment of Representativeness," Cognitive Psychology: 3, 430-454, 1972.

Amos Tversky and Daniel Kahneman, "Extensional versus Intuitive Reasoning: The Conjunction Fallacy in Probability Judgement," Psychological Review: 90, 293-315, 1983.

御領謙／菊地正／江草浩幸／伊集院睦雄／服部雅史／井関龍太『最新　認知心理学への招待　改訂版』サイエンス社、2016年。

高橋昌一郎（監修）・三澤龍志「みがこう!論理的思考力」『Newton』ニュートンプレス、pp.112-115、2020年10月号。

服部雅史／小島治幸／北神慎司『基礎から学ぶ認知心理学:人間の認識の不思議』有斐閣（有斐閣ストゥディア）、2015年。

邏輯學謬誤

認知科學謬誤

社會心理學謬誤

15

否定前件
Denying The Antecedent

| 意 思 | 「若A則B」→「不是A」→「所以不是B」，源自這種推論方式的謬誤。 |

| 關 聯 | 肯定後件（→74頁） |

不選義大利麵，選擇燉飯才正確嗎？

　　請大家試著想像在咖啡廳裡的某個場景。隔壁桌的兩位女大學生，正一臉開心地看著菜單。

女大學生1：今天的心情好像比較適合吃義大利麵耶，可是我最近變胖了，應該只點沙拉就好。

女大學生2：是喔，這裡的義大利麵看起來很好吃耶，要不要加塊蛋糕啊。

女大學生1：義大利麵是碳水化合物喔，吃了一定會變胖。唉喲，到底該怎麼辦才好啦⋯⋯

女大學生2：不然乾脆點燉飯吧。

女大學生1：說得也是！

或許大家會覺得這是
什麼無聊的短劇，但的確
是再簡單不過的例子了。
在具體了解這兩位女大學
生犯了什麼謬誤之前，讓
我們先了解相關的用語與
簡單的推論規則。

否定前件的結構

條件句　　若A則B
例：吃了義大利麵等於吃了碳水化合物。

否定前件　　非A
例：不吃義大利麵。

得到否定後件的結論　　因此得到非B的結果
例：所以不吃碳水化合物。

　　在上述的例句之中，
「若 A 則 B」的句子稱
為**條件句**，條件句的前半
段（也就是 A）稱為**前件**，條件句的後半段（也就是 B）稱為**後件**。

　　「若 A 則 B」這個條件句的意思是可從「A」導出「B」，而這
種推論規則稱為**肯定前件**（Modus Ponens）。

　　接著，讓我們根據上述的用語與推論規則，思考前述女大學生的
思考過程吧。

　　此時可將「吃了義大利麵等於吃了碳水化合物」，整理成「若 A
則 B」這種條件句，其中的「吃義大利麵」為「A」，也就是前件，
吃「碳水化合物」為「B」，也就是後件，而當我們否定前件，就會
得到「不吃義大利麵」（非 A）的結果。接著就會得到否定後件的結
果，也就是「不吃碳水化合物」（非 B）。

　　所以前述的兩位大學生才會根據「若 A 則 B」的推論規則，從
「非 A」導出了「非 B」的結果。

　　這種推論方式就稱為**否定前件**（Denying The Antecedent），
是一種常見的謬誤。

義大利麵與碳水化合物的充分條件與必要條件

條件句「若 A 則 B」會讓人不知不覺以「非 A 則非 B」的方式進行推論，而這種推論方式就是知名的**誘導推論**（Invited Inference）（Geis and Zwicky, 1971）。

此時「**非 A 則非 B**」與「**若 B 則 A**」的意思相同。

那麼也會有從「若 A 則 B」導出「若 B 則 A」的時候

義大利麵（A）、碳水化合物（B）、燉飯（C）的相關性

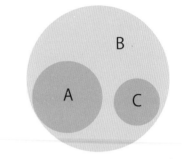

就算不是A，也不一定就是B（淺灰色的部分），所以「非A則非B」不成立。

嗎？當然不會有這種情況，因為在「若 A 則 B」的條件句之中，前件只是後件的**充分條件**，並非**必要條件**。

讓我們利用開頭的例子解釋。「吃義大利麵」是「吃碳水化合物」的充分條件，卻不是必要條件。其實仔細想想就不難發現，就算吃了碳水化合物的食材，也不代表一定吃了義大利麵。

所以當這兩位女大學生得出「不吃義大利麵就等於不吃碳水化合物」，以及決定「不吃義大利麵（吃燉飯）」的結論後，忽略了燉飯其實也是碳水化合物，才會得出既吃燉飯卻又主張自己「不吃碳水化合物」的詭異結論。

潛伏在日常生活的否定前件

或許有不少人看了這兩位女大學生的例子之後，會覺得我又不是

笨蛋，怎麼可能跟她們一樣犯下否定前件的謬誤。不過，否定前件的謬誤**卻悄悄地潛伏在我們的日常生活與職場之中。**

比方說，大家會不會覺得下面的對話有問題呢？

面試官1：最後一關的面試只剩下鈴木與山田了。

面試官2：是嗎？鈴木是舊帝大畢業的嗎？還真是優秀啊。

面試官1：山田君是外縣市國立大學畢業的吧。

面試官2：那還是該錄取舊帝大的鈴木吧。

舊帝大的鈴木的確擁有驚人的學歷，有可能是第一名畢業，還擁有令人眼睛一亮的經歷。不過，這兩位面試官若將重點放在大學的名稱，就有可能犯了否定前件的謬誤。讓我們一起找找看，這兩位面試官的交談之中，有哪些屬於否定前件的部分。

「是舊帝大畢業的學生（A）的話，就很優秀（B）。不過，山田不是舊帝大畢業的學生（非A），所以不優秀（非B）」

蒙受不公平待遇的「山田」若是聽到這番對話，應該會失望地說：「就算我不是從舊帝大畢業，也不代表我不優秀！外縣市的國立大學也出了很多優秀的人才，這種錄取標準實在太不公平了！」

應該沒人敢說自己在職場或是日常生活，從未如此判斷事情吧。

參考文獻

Edward Damer, Attacking Faulty Reasoning: A Practical Guide to Fallacy-Free Arguments, Cengage Learning, 2008.

Michael Geis and Arnold Zwicky, "On Invited Inferences," Linguistic Inquiry: 2, 561-566, 1971.

Anthony Weston, A Rulebook for Arguments, Hackett Publishing Company, 2018.［アンソニー・ウェストン（古草秀子訳）『論証のルールブック』筑摩書房（ちくま学芸文庫）、2019年。］

伊勢田哲治『哲学思考トレーニング』筑摩書房（ちくま新書）、2005年。

坂原茂『日常言語の推論』東京大学出版会、1985年。

這次發燒是因為流感，還是單純的感冒呢……

16 肯定後件
Affirming The Consequent

| 意 思 | 「若A則B」→「是B」→「所以是A」，以這種方式推論的謬誤。 |

| 關 聯 | 否定前件（→70頁） |

真的染上流感了嗎？

請大家試著想像下面的情況。

小孩突然發燒，起不了床，雖然還不知道發燒的原因，但母親的想法如下：
「一旦染上流感就會發高燒，既然發燒得這麼嚴重，那肯定是流感吧。」

在讀完前一節的否定前件（Denying The Antecedent）之後，大家應該能立刻察覺這位母親的推論過程很奇怪吧。
接著讓我們試著以前一節介紹的「前件」、「後件」、「條件句」，思考這位母親的推論流程吧。

肯定後件的結構

 條件句　若A則B
例：如果染上流感就會發燒。

 肯定後件　是B
例：發燒。

得到前件的結論　所以是A
例：所以染上了流感。

條件句「若 A 則 B」：如果染上流感就會發燒。
前件「A」：染上流感。
後件「B」：發燒。

　　這位母親根據「若 A 則 B（染上流感就會發燒）」與「是 B（發燒）」，導出了「是 A（染上流感）」的結論。這種推論方式稱為**肯定後件**（Affirming The Consequent），是一種錯誤的推論。

更複雜的轉換

　　一般認為，肯定後件與否定前件一樣，都是因為**誘導推論**（Invited Inference）（條件句「若 A 則 B」，會誘使我們進行「非 A 則非 B」的推論）而導出錯誤的結論。

　　如果能從「若 A 則 B」導出「非 A 則非 B」的結論，那麼就能導出意思相同的條件句「若 B 則 A」，但前面提過，我們無法從「若 A 則 B」導出「若 B 則 A」這個結論。

例子之中的母親從「若 A 則 B（染上流感就會發燒）」，導出「若 B 則 A（如果發燒，就等於染上流感）的結論之後，便誤以為發燒就是「染上了流感（是 A）」。

不過，發燒不代表一定染上流感，也有可能只是單純的感冒，甚至是其他的疾病。

條件句與論證正確性的組合

	條件句		肯定 or 否定	結論	論證的正確性
	前件	後件			
肯定前件	A	B	是 A	是 B	正確
否定前件	A	B	非 A	非 B	錯誤
肯定後件	A	B	是 B	是 A	錯誤
否定後件	A	B	非 B	非 A	正確

▌潛伏於日常生活的肯定後件

要想避免以肯定後件的方式進行推論，當然就是不能陷入誘導推論的陷阱。

或許這個例子不是很容易了解，**不過人們在進行推論時，常常會在「若 A 則 B」成立時，覺得「若 B 則 A」也成立。**

請大家試著思考下面的例子。

從舊帝大畢業的話很優秀，來面試的鈴木很優秀，所以鈴木肯定是舊帝大畢業的。

這種主張肯定是錯的，因為舊帝大的畢業生雖然優秀，但是從外

縣市的國立大學畢業的學生，也有很多優秀的人。

很多人都會不自覺地以否定前件或肯定後件的方式，進行錯誤的推論。那麼，大家怎麼看待下面的條件句呢？

如果 C 是女性，就會穿裙子。

應該有不少人會覺得「C 穿裙子的話，就是女性」的條件句也同時成立吧？

女廁或國高中生的制服都是以裙子作為女性的圖示，所以上述這種想法也成為所謂的社會共識。

不過，要是上述的想法發展成「是女性就該穿裙子」、「男性不該穿裙子」的話，又當如何？

像這種「既定概念」，往往與接受多元價值觀的現代潮流背道而馳。

當我們發現自己正利用「條件句」進行推論時，應該先停止發言，仔細想想自己的推論哪裡有問題，如此一來，就能降低做出錯誤判斷的風險。

參 考 文 獻

Edward Damer, Attacking Faulty Reasoning: A Practical Guide to Fallacy-Free Arguments, Cengage Learning, 2008.

Bowell Tracy and Kemp Gary, Critical Thinking: A Concise Guide, Routledge, 2015.

Eugen Zechmeister and James Johnson, Critical Thinking: A Functional Approach, A Division of International Thompson Publishing, 1992. [E.B.ゼックミスタ／J.E.ジョンソン（宮元博章／道田泰司／谷口高士／菊池聡訳）『クリティカルシンキング　実践篇』北大路書房、1997年。]

坂原茂『日常言語の推論』東京大学出版会、1985年。

高橋昌一郎『東大生の論理』筑摩書房（ちくま新書）、2010年。

17

四詞謬誤
Fallacy of Four Terms

意 思	在三段論法的三個概念之中，加入第四個概念所產生的謬誤。

關 聯	一詞多義的謬誤（→22頁）　蒙面人謬誤（→62頁） 信念偏見（→82頁）

在日常對話之中，常出現三段論法

我們平常總是不知不覺地使用三段論法（Syllogism，從擁有兩個不同前提的命題，導出作為結論的一個命題）。

讓我們一起看看下列父子之間的互動。

爸爸：所有生物都會變老喲。
兒子：那小玉也會變老嗎？
爸爸：對啊。

這種稀鬆平常的對話也套用了三段論法的格式。嚴格來說，這段對話的前提只有「所有生物都會變老」以及「小玉也會變老」這個結論。換言之，少了一個前提，也就是少了「小玉是生物」這個前提。

這種**少了一個前提（也可以是少了結論）的三段論法**稱為省略三段論法（Enthymeme）。

由於父子都明白那個被省略的前提，所以不需要特別說明，也能了解彼此的意思。

不過，應該很少人會發現這種稀鬆平常的對話屬於三段論法的一種吧。

省略三段論法

前提1（大前提）：
所有生物都會變老

省略

前提2（小前提）：
小玉是生物

結論：
小玉會變老

錯誤的三段論法

由於三段論法常以省略三段論法的形式出現在我們的日常生活之中，所以有時候我們會以錯誤的方式使用三段論法。

若想正確使用三段論法，就必須遵守幾個規則。其中之一就是「只能出現三個概念」。在前面的例子裡，只出現了「生物」、「小玉」、「變老」這三個概念，所以算是正確使用三段論法的例子。

那麼請大家思考下面的例子。

小孩出生 3 個月之內的員工都可以申請育嬰假。小孩剛出生的員工都有出生不滿 3 個月的小孩，所以生過小孩的員工都可以申請育嬰假。

想必有許多人會覺得上述的敘述大有問題，但是當這類對話出現在一般的對話之中，有些人會覺得這種對話很正常。

話說回來，在剛剛的例子之中，出現了四個概念，所以是錯誤的推論方式。

　　概念 1：小孩出生不滿 3 個月的員工
　　概念 2：可以申請育嬰假
　　概念 3：剛生過小孩的員工
　　概念 4：生過小孩的員工

　　如果沒有最後的「生過小孩的員工」，就能導出「剛生過小孩的員工都可以申請育嬰假」這個結論。此時的「生過小孩的員工」不一定是「剛生過小孩的員工」，因為「小孩已經小學五年級的員工」也是「生過小孩的員工」。

　　這種將三個概念增加至四個，導致推論出錯的謬誤稱為**四詞謬誤**（Fallacy of Four Terms）。

　　請大家先記得上述的例子，再思考下列的例子。

　　2020 年度年收入低於 300 萬的人，可以申請補助金。
　　A 的年收低於 300 萬。
　　所以 A 可以申請補助金。

　　其實這個例子出現了四個概念，大家能找得出來嗎？
　　概念 1：2020 年度年收入低於 300 萬的人

　　概念 2：可以申請補助金

　　概念 3：A 先生

　　概念 4：年收入低於 300 萬

A 若是符合概念 1（2020 年度年收入低於 300 萬）的話，當然可以申請補助金，但如果只符合概念 4（年收入低於 300 萬），就不能申請補助金。換言之，**多餘的概念 4 是一種誤導**。

▌試著計算概念的數量

　　從省略三段論法的例子可以發現，我們其實很常在日常生活之中使用三段論法。反過來說，只要稍不留神，就很有可能以三段論法得出錯誤的結論。

　　相對來說，剛剛的育嬰假與補助金算是比較容易發現有四個概念的例子，但如果將四個概念藏在更巧妙的話術之中，恐怕就很難察覺了吧。

　　比方說，聽到對方說自己符合某些條件之後，便立刻申請或購買的情況。之後如果因為不符條件，就有可能會聽到對方說「恕不履約」或「因為違反規定，所以不能退款」。

　　或是申請了某種救濟制度或是補助金，卻因為不符條件，導致之前的申請步驟都徒勞無工。

　　不過，只要知道四詞謬誤，**就能先數一數概念的個數，發現隱藏的陷阱**，也就能做出更正確的判斷。

參考文獻

Robert Audi, The Cambridge Dictionary of Philosophy, Cambridge University Press, 1999.
Max Black, Critical Thinking, Prentice-Hall, 1980.
Edward Damer, Attacking Faulty Reasoning: A Practical Guide to Fallacy-Free Arguments, Cengage Learning, 2008.
坂本百大／坂井秀寿『新版:現代論理学』東海大学出版会、1971年。
高橋昌一郎(監修)・三澤龍志「みがこう!論理的思考力」『Newton』ニュートンプレス、pp.112-115、2020年11月号。

比起合理性，人類有時更依賴信念判斷事物。

18

信念偏見

Belief Bias

意 思	將注意力放在結論時，能否察覺該結論的問題，將會影響我們是否能做出合理的判斷。

關 聯	合取謬誤（→66頁）　四詞謬誤（→78頁） 信念保守主義（→86頁）

黑心企業常見的詭辯

讓我們看看典型的黑心企業平常都是什麼狀況。

A 以非正職員工的身分在現在的公司工作了幾年，加班是這間公司的日常，但沒人敢申請加班費，而且 A 的直屬上司還說了下面這番話。

「正職員工是不會申請加班費的，比方說，我就不會申請。你雖然不是正職員工，但是可別跑來申請加班費喲。」

聽到上司這番話的 A 沒有半點懷疑，繼續做著自己的工作。

A 如果一直這樣繼續工作下去，早晚有一天會因為過勞而身體出狀況。

這時候 A 或許會覺得上司的主張很正確，但從客觀的角度來看，這種論證方式根本就是一種狡辯。不管是正職員工還是約聘員工，都必須支付雇員加班費。

可是當 A 被黑心企業的文化洗腦之後，就覺得不申請加班費是理所當然的，甚至還覺得這是一種美德。

當導出的結論是「一種信仰」，那麼就算這個結論是以不正確的方式導出，人們還是會不由自主地相信（Evans et al., 1983）。而這種信念影響推論的現象就稱為**信念偏見**（Belief Bias）。

意思是，**信念比結論的正確性更受到重視**。那麼，為什麼信念會被如此重視呢？

論證的合理性與信念的衝突

使用三段論法之際，必須區分論證的合理性與命題的真偽。在討論論證的正確性之際，必須時時區分兩者的不同，這是因為就算論證的方式是正確的，結論也不一定就可信（參考下一頁的圖 1）。

結論是否透過適當的過程推論，以及該結論是否與信念一致，可組成下列這四種選項。

①論證過程合理，結論與信念一致
②論證過程合理，結論與信念不一致
③論證過程不合理，結論與信念一致
④論證過程不合理，結論與信念不一致

在討論信念偏見時，最需要重視的是③的「論證過程不合理，結

圖 1 「論證的合理性」與「命題的真偽」

一如論證過程有所謂的合理性與不合理性，命題也有「真偽」之
分。我們在進行討論時，必須區分「論證的合理性」與「命題的真
偽」。下列是兩個論證過程合理的例子。

[論證1]

前提1：所有貓都會老
前提2：小玉是貓
結論：所以小玉會老

[論證2]

前提1：所有貓都會老
前提2：小波是狗
結論：所以小波會老

在「論證1」之中，小玉是貓的是「論證1」的所有前提都為真，
所以結論成立。
反之，「論證2」的小波如果是狗，有一個前提就是「偽」，所以
「論證2」的結論不成立。
在思考結論是否成立時，必須反問自己「論證過程是否合理」以及
「前提是否為真」，兩者之間可形成下列的組合。

①論證過程合理，命題為真的論證
②論證過程合理，命題為偽的論證
③論證過程不合理，命題為真的論證
④論證過程不合理，命題為偽的論證

只有在①的情況下導出的結論才會成立。

論與信念一致」的情況。

很多人無法判斷論證是否「合理」，但應該**很容易判斷結論是否
與「信念一致」**才對。所以**當論證的合理性與信念有所衝突時，我們
很容易以信念作為判斷基準。**

這其實也是一種捷思，一種「當邏輯與信念相悖時，以信念優
先」的結果。

讓我們透過前面的例子進一步解釋。

假設覺得上司的說法很正確，導出的結論也與信念一致，那麼 A 就會不疑有他地接受這間黑心企業的慣例或內規，哪怕這些慣例或內規已經違法。

假設 A 知道信念偏見這個概念，就會懷疑上司的說法與結論，也就能從深信不移的黑心慣例或內規清醒過來。

信念通常可以信任？

不過，也有人認為只要你的信念沒問題，根據信念判斷事情通常很正確（例如，圖 1 的「論證 2」結論雖然是由不正確的方式推導而來，但結論依舊是成立的）（Anderson, 1982，中島與其他作者，1994）。

所以不需要因為信念偏見而變得神經兮兮。

如果覺得自己太過重視自己的信念，可試著問問自己的行為是否合乎邏輯，如果太過依賴邏輯，變得不知該何去何從時，可試著依賴自己的信念，這都是幫助自己突破僵局的方法之一，也能讓自己的思考變得更加平衡與全面。

參考文獻

John Anderson, Cognitive Psychology and Its Implications, W. H. Freeman and Company, 1980.［J.R.アンダーソン（富田達彦／増井透／川崎恵里子／岸学訳）『認知心理学概論』誠信書房、1982年］
Jonathan Evans, Julie Barston and Paul Pollard, "On the Conflict between Logic and Belief in Syllogistic Reasoning," Memory & Cognition: 11(3), 295-306, 1983.
市川伸一（編）『認知心理学4:思考』東京大学出版会、1996年。
戸田山和久『論理学をつくる』名古屋大学出版会、2000年。
中島秀之／高野陽太郎／伊藤正男『思考』岩波書店、1994年。

19

信念保守主義
Belief Conservatism

意 思	就算得到新資訊，也無法立刻徹底更新信念。

關 聯	信念偏見（→82頁）　常識推論（→90頁）

只要曾懷疑過一次，就需要花很久的時間澄清

　　請大家試著回想一下那些超級討厭的人，哪怕覺得噁心也請試著回想他們的表情。你能想像自己何時會喜歡他們嗎？大部分的人應該都覺得不會有那麼一天吧。不過，應該有不少人像下面的例子一樣，在過了幾個階段之後，總算能重新評估別人，或是不再懷疑某個人。

　　後輩 A 雖然認真，但從他平日的一些行為可以知道，他不是個優秀的人。我的上司也很為這位後輩擔心。
　　某天一早，A 又告訴大家，要去那間很難簽約的醫院跑業務。雖然我心裡暗想「今天應該一樣不行吧」，沒想到過了中午之後，A 寄了封電子郵件回公司，信中寫道：「對方簽約了。」真是令人難以相信！A 回到公司之後，便一臉喜滋滋地向上司報告這

件事。

直到問過上司之後，我才相信 A 真的拿下那間醫院了。

　　人類的信念會像這樣慢慢改變，而不是瞬間改變，其實與信念保守主義（Belief Conservatism）有關。

選擇 1 號袋子的機率有多少？

下列這項實驗證實了信念有多麼保守（Edwards, 1968）。

①假設眼前有兩個袋子，兩個袋子裡面都有紅色籌碼與藍色籌碼，紅藍兩色的籌碼比例分別如下。
　　1 號袋子（紅色籌碼 700 個、藍色籌碼 300 個）
　　2 號袋子（紅色籌碼 300 個、藍色籌碼 700 個）
②接著選擇其中一個袋子，再從中取出幾個籌碼。
③此時問受測者裝籌碼的袋子為「1 號袋子」的機率之後，受測者回答 0.5。
④接著告訴受測者，剛剛他從袋子拿出來 12 個籌碼，其中有 8 個是紅色，4 個是藍色。
⑤接著再問受測者選到「1 號袋子」的機率。

　　這時候，大部分的受測者都會回答 0.7 到 0.8 之間，不過，若利用貝氏定理計算就會發現，是「1 號袋子」的機率為 0.97。
　　換言之，在 12 個籌碼之中，有 8 個是紅色籌碼，所以是「1 號袋子」的機率應該比較高，不過大部分的人受限於二擇一的機率為

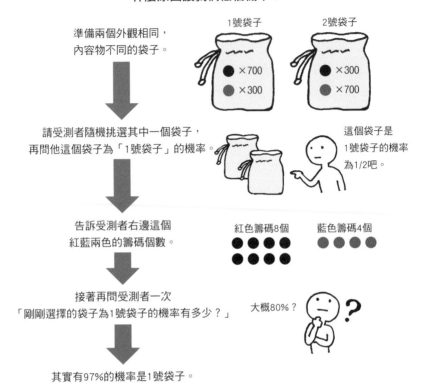

什麼原因讓我們低估機率？

準備兩個外觀相同，
內容物不同的袋子。

1號袋子　●×700　●×300

2號袋子　●×300　●×700

請受測者隨機挑選其中一個袋子，
再問他這個袋子為「1號袋子」的機率。

這個袋子是
1號袋子的機率
為1/2吧。

告訴受測者右邊這個
紅藍兩色的籌碼個數。

紅色籌碼8個　　藍色籌碼4個

接著再問受測者一次
「剛剛選擇的袋子為1號袋子的機率有多少？」

大概80%？

其實有97%的機率是1號袋子。

0.5 這點，所以選擇回答較低的機率。這件事也證實人類對於變更信念這件事，往往抱持著保守的態度（Edwards, 1968）。

改變信念是非常困難的

前一節介紹了信念偏見（Belief Bias），即使是錯誤的結論，只要該結論符合自己的信念，就會對這個結論堅信不移。由此可知，信念是多麼地難以改變。不過，就算發現自己陷入信念偏見的陷阱，

只要冷靜下來，讓腦中的邏輯開始運轉，應該就能自行發現陷阱。

不過，信念可沒我們想得那麼容易改變。之所以會如此，大致上有下列兩個理由。

●源自進化論的理由。
●不太容易決定該改變哪個信念。

再怎麼頑固的對手，也會隨著時間軟化

應該有不少人聽過一開始父母親不同意結婚，最後還是只能答應的故事吧。故事裡的父母親一開始便說，絕對不會同意結婚，可是在見證兩個人堅貞的愛情之後便慢慢地心軟，最後只好說：「算了，既然你們兩個這麼相愛的話，就隨便你們吧……」

了解信念會緩慢地改變這點，是讓人際關係變得更美好的第一個祕訣。或許那些信念堅定又頑固的人，也只是信念變更的速度比較慢而已，一定能慢慢地讓對方改變信念，企圖說服對方的人在知道這點之後，或許就比較不會覺得沮喪。

這是因為當我們知道就算沒辦法與對方交心，只要持之以恆地交涉，總有一天能改變對方的想法之後，心態就會變得更樂觀。

參考文獻

John Anderson, Cognitive Psychology and Its Implications, W. H. Freeman and Company, 1980.[J.R.アンダーソン（富田達彦／増井透／川崎恵里子／岸学訳）『認知心理学概論』誠信書房、1982年。]

Ward Edwards, "Conservatism in Human Information Processing," in Judgment under Uncertainty: Heuristics and Biases, edited by Daniel Kahneman, Paul Slovic and Amos Tversky, Cambridge University Press, 1968.

高橋昌一郎『感性の限界』講談社（講談社現代新書）、2012年。

中島秀之／高野陽太郎／伊藤正男『思考』岩波書店、1994年。

20

常 識 推 論

Commonsense Reasoning

意 思	人類於日常生活之中進行的推論。

關 聯	信念保守主義（→86頁）

應 該 有 人 在 知 道 企 鵝 是 鳥 之 後 大 吃 一 驚 吧

應該有不少人在小時候知道企鵝是鳥之後大吃一驚吧。

「不會吧，企鵝又不會飛，而且還會在海裡游泳，怎麼可能是鳥啦……」

小時候的我們總覺得「鳥就應該會飛」，所以才很難接受企鵝是鳥的事實吧。

其實人類本來就會從可行的方法之中，找出最可行的方法達成某個特定目的，而我們這種**時時根據周遭情況，推測環境狀況的行為**則稱為**常識推論**（Commonsense Reasoning）。一如先前提到的「鳥就應該會飛」，我們都是依靠這些知識以及於日常生活累積的「經驗法則」進行上述的推論。

這項能力在人類的社會生活之中，扮演著非常重要的角色。以台

灣人為例,「排隊上捷運」或是「尊敬長輩」這類常識,都為我們的社會建立了秩序。

此外,我們每天都會透過上述的常識推論與周遭的環境建立良好關係。

請大家試著思考下面的例子。

你打算在休息時間替自己沖杯咖啡,而坐在旁邊的前輩一大早就為了準備明天的簡報資料而忙個不停,於是你告訴自己:「就幫前輩泡杯咖啡吧。前輩愛喝黑咖啡,所以就泡杯黑咖啡吧。」之後你便拿了杯咖啡到前輩的座位旁邊……

你:前輩,我泡了杯咖啡,你要喝嗎?
前輩:啊,謝了。
你:這杯是你平常愛喝的黑咖啡。
前輩:謝啦,不過今天有點累,想喝點甜的,不過還是謝啦。我會好好享用的。

原以為此舉會讓前輩開心的你,肯定是大受打擊吧。

不過,我們若是能發覺自己常潛意識地利用常識進行推論這件事的話,就能每天更新常識推論所需的資訊,也能更進一步體貼對方的狀況。

▌AI也需要常識推論

常識推論除了會用到**肯定前件**(Modus Ponens → 71 頁)這項推論規則,還會用到常識。

就設計人工智慧（AI）而言，利用常識進行推論的方式也是不可或缺的一環，將人類的常識放進電腦的這件事也越來越可行。

例如開頭的企鵝例子就與分類學的推論方式有關。目前已知的是，已有電腦可以使用根據分類學構造撰寫的程式。

人類思考的複雜性

現在已是電腦代替人類完成各種工作的時代，所以有些人覺得，人類能力所及的事情，將會全部由電腦取代，但其實事情沒有想像中的那麼容易。

因為撰寫電腦程式或是繪製機器人設計圖的都是人類。

同理可證，目前也還不知道該怎麼讓電腦根據常識進行推論，因為我們的思考或推論的機制就是非常複雜的構造。

或許正是因為思考的構造如此複雜，所以這種推論機制才隱含著所謂的「人性」。

AI無法了解何謂「人性」？

在研究人工智慧的時候，常會遇到「機械能否成為倫理主體」這類問題（比方說，在戰場當成殺人機器使用。不過戰爭本來就是非常特殊的情況。如果機器殺了人，該機器必須被判處殺人罪嗎？動手殺人的是機器，但背後應該是由人類負責操作機器）。

在上述的倫理問題之中，隱藏著討論人類與電腦不同之處的重要觀點。

在此雖然不打算深究電腦該成為何種倫理主體，但人類與電腦的

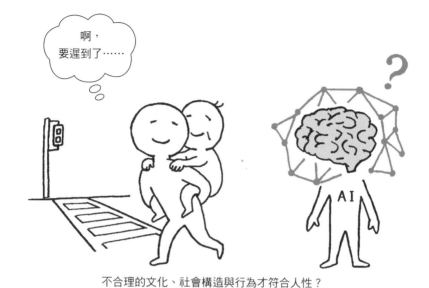

不合理的文化、社會構造與行為才符合人性？

差異，有可能是在推理構造上的不同，也有可能是扮演了不同的倫理主體，當然也還有其他的不同之處，有機會也希望大家一起想想這個問題。

參考文獻

Ernest Davis and Gary Marcus, "Commonsense Reasoning and Commonsense Knowledge in Artificial Intelligence," Communications of the ACM: 9, 92–103, 2015.

Raymond Reiter, "A Logic for Default Reasoning," Artificial Intelligence: 13(1–2), 81–132, 1980.

久木田水生／神崎宣次／佐々木拓『ロボットからの倫理学入門』名古屋大学出版会、2017年。

高橋昌一郎『知性の限界』講談社(講談社現代新書)、2010年。

森悠貴『状況付けられたエージェントの推論活動－アブダクションと常識推論をめぐって－』新進研究者 Research Note、第1号、2018年。

第 **II** 部

了解認知偏誤的
認知科學

為什麼會以為相同長度的東西不一樣長？
為什麼處在嘈雜的環境還能分辨特定的聲音？
若能了解那些看似大腦「程式錯誤」的現象，
以及藏在背後的機制，就能了解更多事情。
第II部要透過這些現象，
釐清我們認知這個世界的方法，
以及介紹順利度過每一天的祕訣。

認知科學
謬誤

01

慕勒萊爾錯覺

Müller-Lyer Illusion

| 意 思 | 在兩條長度相同的線條放上不同方向的箭頭之後，讓人誤以為長度不同的錯覺。 |

| 關 聯 | 鴨兔錯覺圖（→100頁） |

研究錯覺的意義

我們平常就會體驗各種錯覺，而所謂的「視錯覺」則是專指視覺上的錯覺。

到目前為止，已有許多與視錯覺有關的研究。之所以會進行這些研究，有時只是基於「為什麼會這樣？」的好奇心（有些人特別喜歡錯覺幻視藝術），但其實還有更重要的理由。

大部分的人聽到「視錯覺」，就會想到視覺假象這類錯誤，不過，**不把視錯覺當成單純的錯誤，而是進一步思考為什麼會發生這類現象的話，人類就能進一步了解認知周遭環境的內心機制。**

為了讓大家體驗這點，在此要介紹一個在距今 100 年前發明的視錯覺圖形，或許大家也已經看過這個圖形了。

哪 條 線 比 較 長 ？

　　圖 1 的視錯覺圖形是**在長度相同的兩條線的兩端，分別加上外拓的箭頭與內縮的箭頭，讓人以為兩條線的長度不一樣**（Müller-Lyer, 1889），而這種視錯覺圖形又稱為**慕勒萊爾錯覺（Müller-Lyer Illusion）**。

　　即使知道這兩條線的長度相同，也反覆觀察圖 1，還是會覺得這兩條線的長度不一樣吧。

圖 1　慕勒萊爾視錯覺圖形

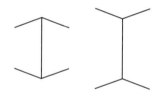

參考：Richard Gregory, "Knowledge in Perception and Illusion," Philosophical Transactions of the Royal Society of London, Series B, Biological Sciences: 352,1121-1127, 1997.

三 維 世 界 特 有 的 觀 景 方 法

　　為什麼只是在線條加上箭頭，就會「看錯」線條長度呢？其實這與我們認知三維世界的方法有關係（Gregory, 1997）。

　　請大家將圖 1 當成立體風景的一部分，重新觀察一遍。圖 1 的左圖是不是很像在大馬路看到的牆壁轉角呢？而右圖是不是很像在房子內部看到的牆壁轉角？換言之，可將左圖看成「往近景突出的轉角」，右圖則是「往遠景突出的轉角」。

　　若以專業術語形容，這就是**透視法的景深**。轉角看似往近景突出

圖 2

的左側線條，會讓人覺得距離更近，而轉角看似往遠景突出的右側線條，則讓人覺得距離較遠。

在三維世界裡，這種位於近景與遠景的線條為「相同長度」的事實，具有哪些意義呢？

筆者在圖 2 的近景轉角與遠景轉角，分別加上了相同長度的線條，所以從這張圖可以發現，就算在視網膜上的「長度相同」，不代表在三維世界的長度「也相同」，以及位於遠景的線條比較長。

讓我們的生活更舒適的視錯覺

上述的事情告訴我們，就算是畫在平面的簡單圖形，我們還是會將這些圖形看成三維世界的物體，並在看到這些圖形之後，立刻辨識這些圖形的景深與大小。

日常生活之中，藏著許多慕勒萊爾錯覺這類圖形，比方說，有報告指出，當手球的守門員擺出慕勒萊爾錯覺圖的姿勢，罰球的位置就會改變（Shim,et al., 2014）。

這代表就算我們不提醒自己以立體的觀點觀察眼前的物品，我們的大腦也會預設以立體的觀點進行觀察，而這種觀點能讓住在三維世界的我們順利地展開行動或是避開危險。

　　這一切都是因為我們能不假思索地根據「投影在視網膜上的物體大小」或「物品與自己的距離」掌握物體的大小。

　　「我們的感覺並不真實，而是一種適應。」（Hoffman, 2019）。我們的所見所聞不一定完全符合客觀的物理環境，不過，當大家知道這類**乍看之下「有問題」的感覺，以及產生這類感覺的機制，讓我們更有效率地掌握周遭環境**這件事之後，肯定會大吃一驚。我們或許也可以將錯覺形容成一面映照人類內心機制的鏡子。

守門員張開手腳之後，是不是因為慕勒萊爾錯覺，身形顯得更加巨大了呢？

參考文獻

Donald Hoffman, The Case Against Reality: How Evolution Hid the Truth from Our Eyes, Allen Lane, 2019. [ドナルド・sホフマン（高橋洋訳）『世界はありのままに見ることができない —なぜ進化は私たちを真実から遠ざけたのか』青土社、2020年]

Franz Müller-Lyer, "Optische Urteilstauschungen," Archiv fur Anatomie und Physiologie, Physiologische Abteilung: 2, 263-270, 1889.

Jaeho Shim, John van der Kamp, Brandon Rigby, Rafer Lutz, Jamie Poolton and Richard Masters, "Taking Aim at the Müller-Lyer Goalkeeper Illusion: An Illusion Bias in Action that Originates from the Target not being Optically Specified," Journal of Experimental Psychology: Human Perception and Performance: 40 (3), 1274-1281, 2014.

下條信輔『〈意識〉とは何だろうか:脳の来歴、知覚の錯誤』講談社（講談社現代新書）、1999年。

高橋昌一郎『知性の限界』講談社（講談社現代新書）、2010年。

到底看起來像兔子還是鴨子？影響這類判斷的機制是什麼？

02

鴨兔錯覺圖

R a b b i t - D u c k   F i g u r e

意 思	這是一張看起來像面向右邊的兔子，以及面向左邊的鴨子的錯覺圖。我們沒辦法同時看到兔子與鴨子。
關 聯	慕勒萊爾錯覺（→96頁）

到底看起來像兔子還是鴨子？

請大家先看一下圖 1（Jastrow, 1900），大家覺得這張圖看起來像什麼呢？

看起來很像是面向右邊的兔子，也很像是嘴喙朝向左邊的鴨子。這張圖稱為**鴨兔錯覺圖**（Rabbit-Duck Figure），而這種同時具有兩種形狀的圖形又稱為**反轉圖形**。

人類無法同時看到這張圖裡的兔子與鴨子。

如果將圖 1 左側的部分看成「長耳朵」，就暫時無法將這個部分看成鴨子的「嘴喙」。

希望大家盯著這張圖，然後不斷地切換兔子與鴨子的視角，此時應該會發現，**我們看到的不只是物體的形狀，而是「經過內心解讀之後的結果」**。

圖 1　鴨兔錯覺圖

Joseph Jastrow, "Fact and Fable in Psychology," Houghton Mifflin and Company, Boston and New York, 1900.

看起來像 B 還是 13 呢？

對物體的認知會受到經驗與周遭環境影響。

　　某項實驗告訴我們，在 10 月的時候給兒童看鴨兔錯覺圖，大部分的兒童都會看成鴨子或是鳥，但是在復活節給兒童看同一張圖，大部分的兒童都會看成兔子，而且這個結果還具有統計上的顯著差異（Brugger and Brugger, 1993），此外這種差異也在年齡更大的受測者（11 ～ 93 歲）身上出現。

　　這種現象稱為脈絡效應（Context Effect），目前已有許多相關的研究。

　　脈絡效應的先驅實驗之中，使用了寫得不是太端正的英文字母 B（Bruner and Minturn, 1955）。實驗一開始先讓受測者看幾個英文字母之後再看「B」，所以受測者都認為這個字母就是「B」，但如果先讓受測者看幾個數字再看「B」，受測者就會覺得是「13」而不是 B。

12
ABC
14

這張圖是根據下列的論文繪製而成：Jerome Bruner and Leigh Mintum, "Perceptual Identification and Perceptual Organization," The Journal of General Psychology: 53(1), 21-28, 1955.

造成反轉的由上而下處理與由下而上處理

在上述的實驗之中，於復活節看到反轉圖形的受測者應該是因為「現在是復活節」的知識，以及「復活節都有兔子」的經驗，才將反轉圖形解讀為兔子。

這種透過狀況、知識、經驗判讀目標物的心理作用稱為**由上而下處理**（Top-Down Processing）或稱認知驅動處理（Cognitively Driven Processing）。

這種心理作用平常都會進行，但有時也會失誤。

比方說，你曾聽過「每到晚上，那棵柳樹底下就會有幽靈徘徊」這個傳說，所以當你不得不在晚上經過柳樹附近時，你就會一直想「該不會出現幽靈吧？」此時一旦聽到風聲，就會立刻覺得毛骨悚然，一看到搖動的柳葉，就會以為是幽靈出來了。

另一方面，不依賴知識判讀目標物的心理作用稱為**由下而上處理**（Bottom-Up Processing）或稱資料驅動處理（Data-Driven Processing）。

一般認為，之所以看到鴨兔錯覺圖的時候，會一下子以為是兔子，一下子以為是鴨子，就是上述這兩種處理交互作用下的結果，而且在幼兒身上看不太到這種圖形切換的現象。

為了看到看不見的東西而反轉觀點

雖然我們無法同時看到兔子與鴨子，但如果配置兩張鴨兔錯覺圖，會得到什麼結果呢？（圖2）。

某個實驗將兩張鴨兔錯覺圖擺在受測者面前之後，覺得「一邊是

圖 2　兩張鴨兔錯覺圖

兔子，另一邊是鴨子」的受測者只有 2.3%，但如果要求受測者分辨哪邊是兔子，哪邊是鴨子，比例就上升至 61.9%。如果進一步告訴受測者「圖中的鴨子準備吃掉兔子」時，會有更多的受測者（86.6%）認為一邊是兔子，另一邊是鴨子。

　　從這個實驗可以發現，**哪怕只是一句話，都可以改變人們對事物的看法。**在被譽為資訊社會的現代，我們身邊充斥著可自行解讀意思的資訊，所以每個人都有「只看得到想看的資訊」這種傾向，也有許多不值得相信的資訊來源會包裝成值得信任的假象。

　　所以謠言會在社群網站瘋傳，對某位名人的「抵制」會瞬間引爆，或許都是因為對單一的看法過於固執的結果。

　　要在資訊社會生存，**就必須時時提醒自己，別囿於某種特別的觀點，有時候甚至要試著反轉自己的觀點。**

參考文獻

Kyle Mathewson, "Duck Eats Rabbit: Exactly Which Type of Relational Phrase can Disambiguate the Perception of Identical Side by Side Ambiguous Figures?" Perception: 47(4), 466-469, 2018.

Peter Brugger and Susanne Brugger, "The Easter Bunny in October: Is It Disguised as a Duck?" Perceptual and Motor Skills: 76(2), 577-578, 1993.

道又爾／北崎充晃／大久保街亜／今井久登／山川恵子／黒沢学『認知心理学:知のアーキテクチャを探る[新版]』有斐閣(有斐閣アルマ)、2011年。

高橋昌一郎『知性の限界』講談社(現代新書)、2010年。

將不屬於身體一部分的人造物，誤以為是自己身體一部分的謎樣現象。

03

橡膠手錯覺
Rubber Hand Illusion

意 思	讓自己的手在視野之中消失之後，看到有人正在摸眼前那隻與自己的手長得完全一樣的橡膠手，會覺得是自己的手正在被摸。

關 聯	麥格克效應（→108頁）

▌為什麼會以為橡膠手是自己的手？

接著為大家介紹一個於 1998 年提出的奇妙現象。

某項實驗請受測者坐到桌子旁邊後，請受測者將左手放在桌子上（Botvinick and Cohen, 1998）。接著實驗人員在受測者的左手旁邊放一個隔板，讓受測者看不見自己的左手。之後，又將橡膠製的「左手」放在桌上，讓受測者可以清楚看到這隻橡膠左手（圖1）。接著請受測者盯著這隻橡膠左手，實驗人員再同時以兩支畫筆撫摸橡膠左手與受測者自己的手。

漸漸地，受測者開始覺得橡膠左手是自己的手，而且用畫筆撫摸橡膠左手的時候（即使知道隔板另一側的畫筆正在撫摸真正的手，也有相同的感覺），居然會誤以為橡膠左手傳來了被畫筆撫摸的觸感。

此外，若以畫筆一前一後撫摸兩隻手，產生錯覺的比例會從 42%

圖 1　橡膠手錯覺實驗的情況

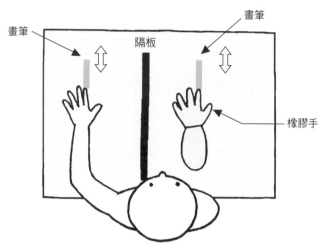

以畫筆同時撫摸左手與橡膠手，會誤以為橡膠手是自己的手。

降至 7%。這種現象被稱為橡膠手錯覺（Rubber Hand Illusion）。

在這項實驗之中，所有受測者看到橡膠手被畫筆撫摸時，都覺得是自己的手被撫摸。

不過，若只是這樣的話，無法證明受測者真的將橡膠手當成「自己的手」，因為知道實驗目的的受測者有時會回答實驗人員想聽到的答案。

因此實驗人員便請受測者閉上眼睛，再以未參加實驗的右手在桌子底下指出真正的左手位於桌面何處。結果發現，**這些體驗過錯覺的受測者都往橡膠手的方向指，而且體驗錯覺的時間越久，手指的方向就越偏向橡膠手。**

另一項使用 fMRI（功能性磁振造影）的研究也指出，在受測者開始覺得橡膠手是自己的手之後，當實驗人員假裝要拿針刺橡膠手，

受測者會覺得是自己的手要被刺，掌管不安這類情緒的大腦區塊也會變得活躍（Ehrsson, et al., 2007），也發現在受測者沒有產生錯覺的情況下進行上述的實驗，掌管不安情緒的大腦區塊沒有任何反應。

產生錯覺的多重感覺統合

將人造物當成身體的一部分，這聽起來簡直就像是科幻電影《阿凡達》（Avatar）的情節，但其實這與我們平常體驗的**多重感覺統合**（Multisensory Integration）現象有關。

我們的感覺包含熟悉的視覺、聽覺、嗅覺、味覺、觸覺（廣義來說，是皮膚的感覺）、運動感覺這類本體感覺，我們也會**自行揉合這些感覺傳來的資訊，正確而快速地了解周邊的事物。**

接著就以在進食之際感受到的「味道」解說。我們對於「味道」的體驗不只來自味覺，還有氣味（嗅覺）、外觀（視覺）、口感、溫度（皮膚感覺）、咀嚼聲（聽覺）。

同理可證，橡膠手錯覺也是基於多重感覺統合這個現象而生，當我們看到「與自己的左手完全一樣的橡膠手正被畫筆撫摸」（視覺），而且「也感受到真正的左手正在被畫筆撫摸」（觸覺）時，**視**

多重感覺統合的示意圖

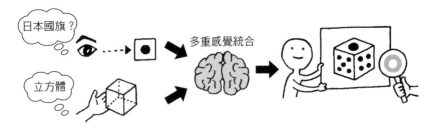

覺與觸覺很容易整合成單一的感覺，所以我們才會誤以為「橡膠手是自己的手」。

擴張的自己

從橡膠手現象了解的另一個重點是**我們在透過視覺、觸覺以及其他的感覺接收資訊之後，會不斷地重新整理這些資訊，藉此感受「自己的身體」，而且這個過程遠比我們想像得更加迅速與流暢。**

換句話說，我們對身體的感覺是可以無限擴充的。

這類身體知覺或運動主體感的問題與**幻肢**（因為意外或生病而失去手腳，卻誤為手腳還在原處的幻覺）、**靈魂出竅**體驗這類已知的現象，以及虛擬實境（VR）這類新技術有關，目前也有許多研究正如火如荼地展開。

最近也有許多人試著利用 VR 體驗自然災害，提升防災觀念。

人類雖然很難根據與當下不同的狀況或立場思考，**但只要在教育現場應用這些新技術，就能讓許多人「猶如身歷其境」般地感受不同的問題，以及學習處理這些問題的方法。**

參 考 文 獻

Matthew Botvinick and Jonathan Cohen, "Rubber Hands "Feel" Touch That Eyes See," Nature: 391(6669), 756, 1998.

Henrik Ehrsson, Katja Wiech, Nikolaus Weiskopf, Raymond Dolan and Richard Passingham, "Threatening a Rubber Hand That You Feel is Yours Elicits a Cortical Anxiety Response," Proceedings of the National Academy of Sciences of the United States of America: 104(23), 9828-9833, 2007.

高橋昌一郎『自己分析論』光文社（光文社新書）、2020年。

服部雅史／小島治幸／北神慎司『基礎から学ぶ認知心理学:人間の認識の不思議』有斐閣（有斐閣ストゥディア）、2015年。

隔著口罩交談與遠端視訊會議潛藏著意想不到的
風險……

麥格克效應

McGurk Effect

意 思	當播放的聲音與說話者的嘴部動作不同，就有可能將播放的聲音聽成另一種聲音。

關 聯	橡膠手錯覺（→104頁）

聲音資訊不只是由聽覺處理

在新冠疫情爆發之後，街上的行人都戴著口罩，最近也看到不少設計別出心裁的口罩，例如將揚起的嘴角印在口罩上面，或是直接將嘴巴附近的口罩換成透明的材質。

看不見彼此的嘴巴會對我們造成哪些影響呢？

在此為大家介紹一篇於 1976 年發表的論文，論文的標題是 "Healing lips and seeing voices"（McGurk and MacDonald, 1976）。

與人面對面交談的時候，聽話者當然能「看得到」說話者的模樣，但是當時的人們覺得語音知覺只與聽覺的資訊處理過程有關。這篇論文的作者認為這項說法有問題，便對幼兒、兒童、成人進行了下列的實驗。

實驗使用的材料是某位女性不斷發出某個音節（例如：Ga、

Ga……）的影片，之後再將影片裡的語音抽換成另一種語音（例如：Ba、Ba……）。

接著調查受測者「只聽到聲音」，以及同時聽到聲音與看到影像的時候，會有什麼不同的反應。

結果發現，「只聽到聲音」的受測者不管屬於哪個年齡層，都能正確地回答音節，但是看到嘴部動作與語音不同的影像之後，答錯的機率就變高（幼兒 59%、兒童 52%、成人 92%）。

此時有許多受測者回饋自己聽到「與實際播放的語音」不同的語音，尤其是在嘴部動作為「Ga、Ga……」的影片配上「Ba、Ba……」的語音時，許多受測者（幼兒 81%、兒童 64%、成人 98%）都回答自己聽到「Da」，而不是「Ba」或「Ga」。

實驗概要與麥格克效應的機制

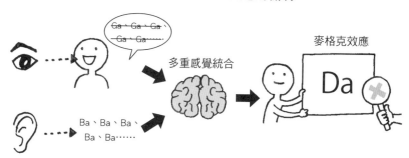

視覺：看到說著「Ga」的女性嘴部動作
聽覺：聽到「Ba」的語音。
同時進行

結果……
有許多人聲稱自己聽到第三種聲音「Da」。
這種現象就稱為麥格克效應。

創造麥格克效應的多重感覺統合

從上述的結果可以發現，人類在聽到聲音之後，會不知不覺地參考說話者嘴部動作這類聽覺以外的資訊，並將這些資訊整理成「實際聽到的語音」。

這種被稱為麥格克效應（McGurk Effect）的現象，可說是視覺影響聽覺的多重感覺統合（Multisensory Integration）的例子，不過，視覺資訊不會永遠比聽覺資訊來得更加優先。

也有將重點放在文化與風俗習慣的相關研究指出，麥格克效應在以日語為母語的人身上較其他國家的人不明顯。

近年的報告指出，以英語為母語的人會注意說話者的嘴部動作，藉此預測後續的語音，但以日語為母語的人在交談時，仰賴聽覺資訊更勝於視覺資訊（Hisanaga, et al., 2016）。

日常所見的麥格克效應

當時不太可能在日常生活看到說話者的嘴部動作與語音不一致的現象，語音與嘴部動作若不一致，通常都是以「外力介入」，刻意為之的結果。不過現在與當時的情況已經完全不同，這種語音與嘴部動作不一致的情況也非常常見。比方說，網路攝影機的影像與語音不同步、經過重新配音的外國電影與動漫，以及剪接影片時，不小心讓聲音與畫面不同步的情況，或是偶像「對嘴」唱歌的情況，都是語音與嘴部動作不一致的例子。

我們之所以不會覺得這些情況很奇怪，是因為出現了腹語效應（Ventriloquism Effect）。所謂的腹語效應是指，配合人偶的嘴巴

動作發聲之後，讓人覺得聲音是從人偶的嘴巴發出的現象。

一般認為，這種現象與視覺資訊、聽覺資訊的同步有關，但是就算兩者同步，但嘴形不對的話，就有可能會發生麥格克效應，觀眾也會覺得很奇怪。

此外，雖然以日語為母語的人較不依賴「嘴形」解讀對方說的話，但在戴著口罩的狀態下，對方有可能比想像中的「更難聽得到」我們所說的話，因為戴著口罩的時候，既看不到嘴形這類視覺資訊，又沒辦法聽清楚發音，音量也比較小，因此戴著口罩說話時，可能得想辦法把話說得比平常更清楚。

從上述的研究還得知某個事實。大部分的人都覺得，我們在「看東西」、「聞東西」、「摸東西」的時候，是透過彼此獨立的五感正確掌握周遭的世界的。

然而我們感受到的一切，只是「重新解讀」所有從感官接收到的資訊之後的結果。

戴著口罩進行線上會議時，
要特別留意說話方式

參考文獻

Satoko Hisanaga, Kaoru Sekiyama, Tomoko Igasaki and Nobuki Murayama, "Language/Culture Modulates Brain and Gaze Processes in Audiovisual Speech Perception," Scientific Reports: 6, 35265, 2016.

Harry McGurk and John MacDonald, "Hearing Lips and Seeing Voices," Nature: 264 (5588), 746-748, 1976.

Tom Stafford and Matt Webb, Mind Hacks: Tips & Tricks for Using Your Brain, O'Reilly Media, 2004.〔Tom Stafford, Matt Webb（夏目大訳）『Mind Hacks:実験で知る脳と心のシステム』、オライリージャパン、2005年。〕

道又爾／北崎充晃／大久保街亜／今井久登／山川恵子／黒沢学『認知心理学:知のアーキテクチャを探る』有斐閣（有斐閣アルマ）、2011年。

高橋昌一郎『感性の限界』講談社（講談社現代新書）、2012年。

05

閾下效果
Subliminal Effect

意 思	就算是短到無法察覺的影像或是極微弱的聲音，只要不斷地接收這類訊息，就會不知不覺受到影響的現象。
關 聯	吊橋效應（→116頁）　　單純曝光效果（→178頁）

閾下知覺會影響我們的決策？

我們平常會不斷地做出各種選擇。

比方說，從眾多商品之中購買其中一種商品。如果被問到為什麼會選這個商品，有時只能回答「莫名覺得這個比較好」，如果硬要回答得更仔細一點，有可能會是「覺得包裝很好看」，或是「覺得品質很棒」這類答案。

但是，真正的理由到底是什麼？該不會我們在不知不覺之中，替自己的行為找了一個最冠冕堂皇的理由吧？

過去曾有下列這個實驗，實驗人員會給受測者看兩個一組的多邊形，然後問受測者「比較喜歡哪邊的多邊形」。聽到這裡，大家或許會覺得這個問題有點奇怪，但受測者的回答似乎隱藏著某種規律。

其實實驗人員在讓受測者挑選多邊形的時候，先讓受測者看了某

個多邊形，只是這個多邊形的顯示時間只有 1/1000 秒，短得受測者無法察覺自己「曾看過」這個多邊形，也無法回想自己看過，但有趣的是，受測者在挑選多邊形的時候，都會選擇事先看過的那個多邊形。

這個結果與人類的閾下知覺（Subliminal Perception）有關。

閾下知覺具有影響力的條件是？

上述是與閾下單純曝光效果（Subliminal Mere Exposure Effect）有關的實驗（Kunst-Wilson and Zajonc, 1980）。所謂的「閾下（subliminal）」是指聲音、光線、影像、味道、觸覺、氣味這些刺激小到人類意識無法察知的狀態。

具體來說，**如果某個人最多只能看到長度 0.05 秒的影像，那麼只要影像的長度低於 0.05 秒，這個影像就會變成所謂的閾下影像，那個人也不會知道自己「曾經看過」這個影像。**

某份整理這個現象觸發條件的報告指出，於實驗使用的影像，長度要低於 1 秒，而且不要一直顯示相同的影像，效果會更加明顯（Bornstein, 1989）。

反過來說，一旦受測者「發現」閾下影像，閾下單純曝光效果就很難奏效。

知名的「實驗」與後續的影響

在一般人的認知裡，閾下效果是指「當影像的長度過短，聲音的音量過低，導致消費者難以察覺時，就會想要購買透過該影像或聲音宣傳的商品」。

可樂與爆米花的營業額真的會增加嗎？

不過，實際上並非如此。在此要為大家介紹造成這個誤會的知名實驗。

這個實驗是由某個廣告業者發表，該業者指出，在電影上映時，於影片的底片膠卷重複插入長度極短（1/3000 秒）的「喝可口可樂」與「吃爆米花」的訊息，就能促進可口可樂與爆米花的銷路。

不過這個「實驗」連有無閾下效果的實驗結果都不曾比較過，也沒有留下任何與實驗有關的細節與記錄，更何況當初的技術，根本不足以播放長度僅 1/3000 秒的影像，所以**做過實驗這件事從頭到尾根本是謊言**（鈴木，2008）。

然而，這場謊言瞬間影響了整個世界，連日本也禁止電視節目使用所謂的閾下效果。

那些影響好惡，卻又令人意外的因素

從上述那場手法粗糙的騙局可以發現，閾下效果不足以讓人立刻去買東西。

不過從開頭的實驗也可以知道，閾下效果的確會對潛意識造成影

知覺流暢性錯誤歸因的情緒流動

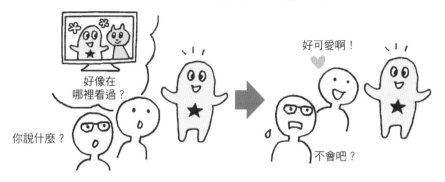

響，到目前為止，也有許多人進行相關的研究。

有些研究證實，觀眾不僅會喜歡透過閾下知覺傳遞的資訊，也會覺得旋律「更動聽」或是顏色「更明亮」。

足以說明這個現象的學說之一，就是**知覺流暢性錯誤歸因**（Misattribution of Perceptual Fluency）。所謂知覺流暢性是指，**在重新接觸某個之前見過的東西之際（就算已經忘記曾經接觸過），誤將「看起來很順眼」這種感覺，解讀成「我喜歡這個東西」或是「這個東西很明亮，所以看起來很順眼」的現象。**

所以請大家務必記住，這些不知不覺吸收的資訊，有時會對我們的興趣或決策方式造成難以想像的影響，也必須記住這個影響有多麼危險。

參考文獻

Robert Bornstein, "Exposure and Affect: Overview and Meta-Analysis of Research, 1968-1987," Psychological Bulletin: 106, 265-289, 1989.

William Kunst-Wilson and Robert Zajonc, "Affective Discrimination of Stimuli that cannot be Recognized," Science: 207, 557-558, 1980.

鈴木光太郎『オオカミ少女はいなかった:心理学の神話をめぐる冒険』新曜社、2008年。

山田歩、日本認知科学会(監修)『選択と誘導の認知科学』新曜社、2019年。

那種情緒到底是恐懼、憤怒還是愛情呢？人類連
自己的情緒都無法正確解讀。

06

吊橋效應
Suspension Bridge Effect

意 思	與異性一起走在吊橋這類容易心跳加速的場景時，誤以為自己愛上對方的效應。

關 聯	閾下效果（→112頁）　單純曝光效果（→178頁）

以吊橋為道具的實驗

　　首先要介紹讓吊橋效應（Suspension Bridge Effect）廣為人知的研究（Dutton and Aron, 1974），這項實驗是以加拿大的兩座橋（吊橋與一般的橋）作為舞台。

　　實驗對象是 18 至 35 歲碰巧行經這兩座橋的男性。當男性準備走過其中一座橋時，就讓採訪者（男性或女性）向該男性打招呼，這位採訪者雖然是事先安排的暗樁，但不知道實驗的目的。男性回答採訪者的問題之後，採訪者會把寫了名字與電話號碼的紙條交給男性，也以「之後會進一步說明研究目的」為由，請男性給電話號碼。

　　進行這項研究的心理學者認為，在兩座橋進行相同的實驗，並且比較男性主動打電話過來的比例之後，應該可以了解「男性覺得採訪者有多少魅力」。

何謂吊橋效應？

好喜歡♥

我不怕高唷

將恐懼與心跳加速的感覺
誤解為心動的感覺。

結果發現，在實驗結束之後，男性打給女性採訪者的人數以行經吊橋的男性較高，而且兩者的差異具有統計意義，而男性在實驗之後打給男性採訪者的人數則見不到上述的差異。

這代表**在吊橋上感受到的恐懼感或心跳感，被誤會為是對異性的好感。**

不過，這個實驗也被指出多處問題。

比方說，以「打電話過來的人數」衡量採訪者魅力的手法是否適當，男性內心的恐懼真的是因為吊橋的搖晃引起的嗎？

不過，同一群研究學者也曾以問卷的方式，調查異性的魅力或是不安的情緒，而問卷結果也證實吊橋實驗的理論。

於 日 常 發 生 的 類 似 現 象

這種吊橋效應通常會以戀愛的場景作為題材，但其實日常生活之

中，有許多類似的「誤會」。

比方說，早上上學之前，先與父母親吵了一架，到了午休時間，已經忘記早上與父母親吵過架的你，突然被朋友捉弄。平常的你或許會與朋友一起大笑，但這個時候的你沒有辦法一笑置之，還對朋友很生氣。

這時候的你真的是因為朋友開的玩笑生氣嗎？**有可能是因為早上與父母親吵了一架，才誤將自己的情緒投射在朋友開的玩笑上。**

此外，大家應該有過明天早上有很重要的考試，但整個晚上都睡不著的經驗吧？

假設這時候你拿到兩種藥，一種是「能放鬆心情」的安慰劑（也就是沒有藥物成分的東西），另一種是「讓腦袋保持清醒」的安慰劑，吃了哪一種藥會睡得比較好呢？

某項針對失眠患者的研究指出，**服用清醒藥的患者，會比什麼藥都沒吃的情況更早入睡**（Storms and Nisbett, 1970）。此外，喝了「能放鬆心情」的藥的患者比平常沒喝藥的時候，需要花更久的時間才能入睡。

熟知**安慰劑效應（Placebo Effect**，明明服用的是安慰劑，卻覺得症狀舒緩的效應）的人，應該會覺得這個結果很令人意外。

不過，若以吊橋效應之中的「誤解」來解釋的話，就會覺得理所當然。

換言之，**服用清醒藥（其實是安慰劑）的失眠症患者會覺得自己之所以睡不著，全是因為「服用了清醒藥」，所以就比較不會一直責備自己睡不著，也因此較能夠放鬆。**

這種服藥效果與安慰劑相反的現象稱為**反安慰劑效應（Nocebo Effect）**。

誤解自己的「情緒」

吊橋效應或上述的日常示例這類誤解自身狀態的現象，都形容為錯誤歸因（Misattribution）。

錯誤歸因的先驅研究，為利用腎上腺素藥物引起生理興奮作用的實驗（Schachter and Singer, 1962）。

這項實驗的主要目的，是比較事前知道腎上腺素藥效的受測者，與不知道腎上腺素藥效的受測者。結果發現，不知道藥效的受測者（不知道自己是因為「藥物」而興奮的受測者）**誤以為興奮的感覺是「莫名產生的情緒」，還以為自己很亢奮或是很生氣。**

一如反安慰劑效應的例子所見，這種錯誤歸因的結果不一定都很糟糕。

不過，誤解自己的情緒很有可能不知不覺變得很情緒化。有時候，我們連自己的情緒都無法正確解讀啊。

參考文獻

Donald Dutton and Arthur Aron, "Some Evidence for Heightened Sexual Attraction under Conditions of High Anxiety," Journal of Personality and Social Psychology: 30(4), 510-517, 1974.

Stanley Schachter and Jerome Singer, "Cognitive, Social, and Physiological Determinants of Emotional State," Psychological Review: 69, 379-399, 1962.

Michael Storms and Richard Nisbett, "Insomnia and the Attribution Process," Journal of Personality and Social Psychology: 16(2), 319-328, 1970.

下條信輔『サブリミナル・マインド:潜在的人間観のゆくえ』中央公論社（中公新書）、1996年。

下條信輔『サブリミナル・インパクト:情動と潜在認知の現在』筑摩書房（ちくま新書）、2008年。

高橋昌一郎『愛の論理学』KADOKAWA（角川新書）、2018年。

認知科學
謬誤

07

認 知 失 調
Cognitive Dissonance

| 意 思 | 自己的想法與實際的行為矛盾，以及心中存在著多個意見的狀態。 |

| 關 聯 | 心境一致性效果（→124頁） |

總 是 工 作 到 極 限 的 人

近年來「黑心企業」或過勞死已成為嚴重的社會問題。

為什麼被逼到極限，卻無法「辭職」呢？如果了解認知失調（Cognitive Dissonance）這個理論，就能預防自己陷入這種狀況。

首先要介紹一個知名實驗（Festinger and Carlsmith, 1959）。

這項實驗要求某位男大學生，一個人連續進行 1 個小時非常單調且無聊的作業，接著實驗人員要求這位男大學生對待在另一間房間，準備參加另一項實驗的學生說「實驗超有趣」，而且每位學生被告知的打工費用都不一樣，有的是「1 美元」，有的是「20 美元」。

接著請男學生告訴準備參加實驗的女學生（其實是暗樁）「實驗很有趣」，再將男學生帶到另一間房間接受採訪，詢問他們：「這個實驗有哪些地方該改善，有哪些地方可以變得更有趣。」

其實實驗人員最想知道的，是男學生最後回答的「實驗的趣味度」。參加的學生會以 -5（非常無聊）〜 $+5$（非常有趣）這 11 級評估實驗，評估結果可參考右圖。

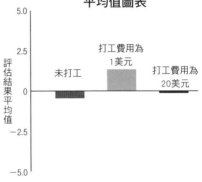

「實驗趣味度」的評估結果平均值圖表

參考：Leon Festinger and James Carlsmith, "Cognitive Consequences of Forced Compliance," Journal of Abnormal and Social Psychology: 58, 203-210, 1959.

知道打工費用為 20 美元的學生與未打工的學生之間沒有明顯的差異，反觀**知道打工費用為 1 美元的學生，則比「未打工」以及「打工費用為 20 美元」的學生覺得這項實驗更加有趣，而且這樣的差異還具有統計意義。**

造成認知失調的機制

應該有不少讀者覺得上述結果很奇怪。

照理說，可以拿到越多打工費用，應該會覺得實驗更加有趣才對，但結果卻是只拿到 1 美元的學生覺得實驗最有趣。

其實這個結果是可從認知失調的理論預測的。男學生的心裡其實有兩個想法，**一個是「覺得實驗很『無聊』」，另一個是「被要求對女學生說『實驗很有趣』的感想」**，這種**心中同時存在正反兩種意見的衝突感，會讓人覺得不舒服（這種狀態就稱為「失調」）。**

不過，能收到 20 美元打工費用的男學生，就不會覺得對別人說「實驗很有趣」有什麼不對，因為 **20 美元足以讓這些男學生為上述**

的衝突感「找一個可以接受的藉口」。簡單來說，這些男學生的心態是「雖然覺得很無聊，但因為領了一大筆錢，所以向別人說實驗很有趣也沒關係」。

反觀只拿得到 1 美元打工費用的男學生，就沒辦法說服自己對別人說「實驗很有趣」，**所以為了降低這種失調的感覺，自己的想法反而被「實驗很有趣」這個聲明說服**，最終變成「自己覺得有趣，所以告訴別人實驗很有趣」的狀態。

黑心企業的員工到底是怎麼想的？

讓我們將主題拉回開頭的「黑心企業」的例子吧。

雖然每個人都有自己的苦衷，但希望大家稍微想一下，為什麼這些黑心企業的員工會在被壓榨的情況下，還會告訴自己「這份工作很有價值」，替這份工作找藉口呢？一如實驗告訴我們的，**待遇越是惡劣，越有可能扭曲自己的想法，說服自己「工作很有趣」。**

認知失調理論的黑心企業員工的思維

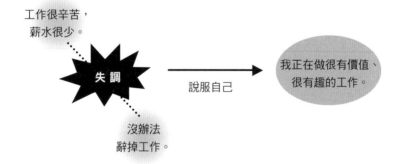

工作很辛苦，
薪水很少。

失調

說服自己

我正在做很有價值、
很有趣的工作。

沒辦法
辭掉工作。

在累積大量疲勞，陷入難以挽回的地步之前（也就是在扭曲自己的意見之前），**建議大家將心中的不滿以及在意的事情，說出來或是寫在日記裡面。**

▎行 動 是 映 照 內 心 的 鏡 子 ？

最後要介紹從其他的立場解釋結果的例子。

我們有時會誤解自己的情緒，而讓這種誤解越演越烈的是自我知覺理論（Self-Perception Theory）（Bem, 1967）。這個理論告訴我們，人類雖然只能透過觀察來了解別人的狀態（例如：生氣的狀態），但其實**連自己的狀態都常常是根據自己的行為與周遭的反應了解。**

若從這個立場來看，在最後的採訪回答「實驗很有趣」的學生，之所以會以收到1美元的學生為多，有可能是因為這些學生從「雖然報酬只有1美元，但是得跟下位受測者說實驗很有趣的自己」這條線索，推測「說不定自己真的覺得這個實驗很有趣」。

換言之，就算不從「認知失調」或是為了降低失調的感覺而扭曲意見的角度來看，也能解釋上述的實驗結果。

就算是站在這種立場來看，**說出心中的不滿，或是將這些不滿寫在紙上（也就是讓自己可以透過這些行為觀察自己），都能避免自己扭曲心中的意見。**

參 考 文 獻

Daryl Bem, "Self-Perception: An Alternative Interpretation of Cognitive Dissonance Phenomena," Psychological Review: 74(3), 183-200, 1967.
高橋昌一郎『感性の限界』講談社（講談社現代新書）、2012年。
無藤隆／森敏昭／遠藤由美／玉瀬耕治『心理学』有斐閣、2004年。

08

在滿腦子想著討厭的事情之前。

心 境 一 致 性 效 果
Mood Congruency Effect

意 思	心情低落時，很容易只看到事情不好的一面，然後記住這些部分。反之，開心的時候會只看到事情好的一面，而且記住這些部分。
關 聯	認知失調（→120頁）

為什麼心情會越來越低落？

不知道大家是否有過下列這種經驗。

早上發生一些有點倒楣的事情之後，電視播的都是報導壞事的新聞，和別人見面時，也只注意到別人那些討人厭的事情。回家之後，想起一整天的負面情緒，心情也越來越低落。

人類有根據當下的心情記住事情、回憶事情與判斷事情的傾向，而這種傾向稱為心境一致性效果（Mood Congruency Effect）。

這個效果不僅在遇到討厭的事情時出現，也會在很開心的時候出現，但大家應該都知道，陷入「心情低落」的惡性循環是非常嚴重的問題。

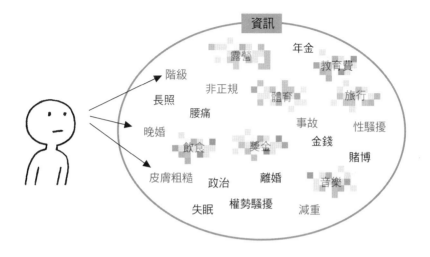

人類往往只能看到符合當下心情的資訊

心境一致性效果的實驗

　　於日常生活發生的心境一致性效果也已透過心理學的實驗證實（Bower, et al., 1981）。

　　這個以大學生為對象的實驗，只在事前告知大學生「要討論心情對表現方式的影響」。

　　實驗的第一天會以催眠的方式讓學生變得開心或難過，接著再讓學生閱讀故事。這個故事之中，有一位每天都過得很開心的安德烈，以及做什麼事情都不順利，每天心情都很低落的傑克。

　　接著在 24 小時之後，請這些大學生回到實驗室，然後盡可能回想前一天讀的故事，再將內容寫下來。

　　結果發現，心情變得開心的學生只想得起 45% 左右的難過內容，但是心情變得難過的學生卻能想起 85% 的難過內容，而且兩者的差

距還具有統計的意義。

此外，心情變得難過的 8 名學生，比較記得心情低落的傑克發生了什麼事，比較不記得每天過得很開心的安德烈做了什麼事（在心情變得很開心的學生之中，只有 3 名記得心情低落的傑克發生了什麼事），兩個群組的記憶量則沒有顯著的差異。

或許有人會問：「學生對那些與自己心情相近的登場人物比較會有共鳴，當然也比較記得這位登場人物發生了什麼事。」

因此該論文以同一位登場人物經歷了幸福與悲傷的故事再次進行實驗，結果發現，學生比較記得與閱讀故事當下心情相近的內容，心境一致性效果也非常顯著。

是腦中的網絡產生心境一致性效果嗎？

與產生這個效果的機制有關的說明有很多版本。

其中最有名的，就是進行前述實驗的心理學者所提出的網絡連結理論（Bower, 1981）。若以這個理論解釋前述的實驗結果，可得到下列的結論。

假設參加實驗的學生因為催眠而變得難過，此時與「難過」這個心情連結的概念就會活化，大腦也會加速處理與這項概念相近的故事情節（例如傑克被情人甩掉），這些故事情節也會烙印在腦海裡。

我們能擺脫心境一致性效果嗎？

如果我們無法擺脫這個心情越來越低落的惡性循環，人生肯定會變得更加悲慘。不過，還有一個現象能緩和這種負面的情緒，那就是

情緒低落時，善用心境不一致性效果

刻意接觸一些與負面情緒相反的資訊，
切斷情緒的惡性循環！

心境不一致性效果（Mood Incongruent Effect）。

也就是**在心情陷入低潮之際，回想過去的快樂時光。**

這個現象告訴我們的是，**我們就算遇到討厭的事情，都會想辦法化解不快的心情，讓自己變得更正面積極，藉此度過每一天。**有許多研究也已經證實，負面的心境一致性效果比正面的心境一致性效果更難產生。

不過，大家若是發現自己變得很沮喪，可鼓勵自己「換個心情」，例如跟朋友講講電話，或是把自己的失敗當作笑話跟家人說說，也可以做一些自己喜歡的事情，心情平靜地過生活。**早一步切換心情，就能避免自己掉進心情低落的惡性循環。**

參考文獻

Gordon Bower, "Mood and Memory," American Psychologist: 36, 129-148, 1981.
Gordon Bower, Stephen Gilligan and Kenneth Monteiro, "Selectivity of Learning Caused by Affective States," Journal of Experimental Psychology: General: 110(4), 451-473, 1981.
大平英樹『感情心理学・入門』有斐閣(有斐閣アルマ)、2010年。
太田信夫／多鹿秀継(編著)『記憶研究の最前線』北大路書房、2000年。

明明這地方是第一次來，怎麼好像來過……難不成是前世的記憶？

既 視 感
Déjà Vu

意 思	明明是不曾體驗過的事情，卻以為自己曾在某處體驗過的現象。
關 聯	舌尖現象（→132頁）

眼前這幅景象似曾相識啊…

不知道大家是否有過知道自己曾未體驗過，卻覺得之前發生過相同事情的經驗？

「déjà vu」這個法語的意思是「曾經看過」，中文通常譯成「既視感」。

這種既視感（Déjà Vu）不僅會在視覺出現，有時候會在聊天的過程中出現。有些人覺得這種明明不知道，卻又好像知道的奇妙感覺是一種神祕的體驗。不過，只要了解內心的機制，就不難理解這種現象。

這個現象在 100 年之前，就引起眾多研究學者的注意。不過當時還不知道誘發既視感的機制，而且既視感是一種內在體驗，沒有可供第三者觀察的「行動」，所以難以透過科學的方式研究。

話說回來，用於形容既視感的用語或定義通常很冗長，而且每位研究者使用的用語或定義都不同。據說既視感一詞，是在 1980 年代後期開始在科學家之間流傳，過了數十年之後才總算完全普及（集大成：Brown, 2003）。

是疾病還是日常現象？

過去有許多研究學者認為，既視感與去人格化、思覺失調症、情感疾病、人格障礙有關，也進行了相關的研究。

另外有些研究學者則認為，既視感是一種有可能在任何人身上出現的日常現象。

有位知名的心理學者認為，既視感源自「記憶的錯誤或是錯誤的認知」（Titchener, 1928）。

在以日本人為對象的研究之中，曾針對 202 位大學生與研究生，詢問是否曾對某些場所或某個人有過既視感，結果發現，有 **72% 的人回答「有」**（楠見，1994；集大成：楠見，2002）。

有無罹患精神疾病，是否會影響既視感發生的機率呢？某份總結 41 份研究的報告，將一輩子至少體驗過一次既視感的人的比例整理

一輩子至少體驗一次既視感的人的比例（％）

	平均值	中位數
全體	66	66
健康的群組（32 筆）	68	70
有精神疾病的群組（9 筆）	55	65

成前頁的表格（Brown, 2003）。

換言之，不管有沒有疾病或障礙，每三個人就有兩個人，一輩子至少有一次既視感的體驗。

▌誘發既視感的「相似性」

有許多研究學者為了說明這個現象而提出了非常多的理論，在此要為大家介紹相似性認知對既視感的解釋（楠見，2002）。

請大家先看圖1的右圖，假設你在爬一條很長的樓梯時發生了既視感。

其實你以前真的看過類似的風景，但你不太記得，直到看到眼前的風景，才不自覺地想起過去的風景，進而產生「很懷念」的情緒

圖1 不自覺地想起類似的風景

相似

過去的經驗 ←——————→ 現在的經驗

眼前這幅景色
似乎在哪裡看過……

（人類處理資訊的過程，分成刻意與不刻意兩種，心理學將那些根據過去的記憶回憶的過程稱為「回想」，覺得很懷念，卻想不起曾在哪裡看過的過程稱為「熟悉」）。

詢問這些大學生是在哪些地方體驗既視感之後，發現有三成的人回答行道樹、老街、公園、庭園、校園、神社或佛寺（楠見，2002）。不管去到哪裡的街道都能看到這類風景，而且這些風景也都很類似，可說是能充分誘發既視感的場所。

就算發生既視感也不用擔心

既視感是一種再明顯不過的心理現象，而且許多人都曾體驗過，所以不用太擔心。既視感既不神祕，也不是什麼「前世的記憶」。

假設身邊有人堅信既視感是前世的記憶，也不需要說服他。每個人都可以擁有屬於自己的生死觀，而且也有報告指出，相信死後會「輪迴」的大學生，比不相信死後世界的大學生更覺得人生有意義（大石，2007）。

不過，也有意見指出既視感與壓力、疲勞有關（集大成：Brown, 2003）。如果身邊有人不斷地體驗既視感，不妨勸他好好休息。

參考文獻

Alan Brown, "A Review of the Déjà Vu Experience," Psychological Bulletin: 129(3), 394-413, 2003.
Edward Titchener, A Text Book of Psychology, Macmillan, 1928.
大石和男・安川通雄・濁川孝志・飯田史彦『大学生における生きがい感と死生観の関係:PILテストと死生観の関連性』健康心理学研究、20(2)、1-9、2007年。
楠見孝『デジャビュ（既視感）現象を支える類推的想起』日本認知科学会第11回大会発表論文集、98-99、1994年。
楠見孝『メタファーとデジャビュ（特集 メタファー……古くて新しい認知パラダイムを探る）』言語、31(8)、32-37、2002-07年。

為什麼會發生「呃，就是那個啊，那個……」這種話到嘴邊卻說不出來的現象呢？

舌尖現象

Tip of the Tongue Phenomenon

意 思	明明快要想起來，卻一直想不起來的狀態。 舌尖現象（tip of the tongue）可簡寫為TOT現象。

關 聯	既視感（→128頁）

呃 …… 那 首 歌 的 歌 名 是 什 麼 啊 ？

明明記得，卻說不出那個單字。這種時候，中文通常會說成「話到嘴邊，卻說不出來」，英語則會說成 "it's on the tip of my tongue" 也就是「卡在舌尖（但說不出口）的意思，所以這種現象在心理學就被稱為舌尖現象（Tip of the Tongue Phenomenon）。

除了英語之外，許多語言也都以「舌頭」比喻這種日常現象（Schwartz, 1999）。比方說，義大利語的 "sulla punta della lingua"，或是南非語的 "op die punt van my tong"，都是「舌尖」的意思。其他像是愛沙尼亞語會說成「在舌頭末端上」；夏安族的語言會說成「在舌頭上失去那個詞」；愛爾蘭語會說成「在舌頭前」；威爾斯語會說成「我的舌頭上」；馬拉地語會說成「在舌頭上面」；而韓語會說成「在我的舌尖發亮」，各國都有類似的說法。

舌尖現象會在各年齡層的人身上發生，但有許多研究指出，這種現象好發於高齡者。

「馴養」舌尖現象

舌尖現象大概是在距今 60 年才有相關的實證研究（Brown and McNeill, 1966）。在此之前，舌尖現象都被認為是「突然攻擊人類的野獸」，而在經過實證研究之後，**野獸則變成可馴養的家畜，也就是可進行研究的狀態**（Jones, 1988）。

進行實驗時，實驗人員會對參加實驗的 56 名大學生朗讀平常不太會使用的單字「定義」（例如：用於測量角距離的儀器，尤其常用於測量太陽、月亮、星星距離海面的高度），也要求受測者覺得「想不起來與該定義對應的單字，但真的學過該單字，而且過一會兒會想起來」的時候，就立刻利用手邊的答案用紙答題。

受測者可在手邊的答案用紙推測那些「快要想起來的單字」的音節數，以及第一個字母（未曾體驗過舌尖現象的受測者則不需要記錄）。所有人都記錄完畢之後，實驗人員會朗讀與該定義對應的單字（例如：六分儀）。

完全想不起來，但好像快想到了……

整理於實驗使用的所有詞彙以及所有受測者的例子之後，得到 360 筆資料，其中有 233 筆屬於舌尖現象。

分析答案用紙的資料之後，**發現受測者在完全想不起來是什麼單字，但好像快要想起來的時候，更能正確地回答該單字的字母、音節**

數以及重音的位置，而且越是覺得自己「快要想起來」的時候，這種傾向越是明顯。

明明想不起來，卻能掌握該單字的部分特徵？或許大家會覺得這種情況很奇妙，不過我們其實很常在日常生活之中，發生「呃……那個啊，最近流行的那個，就是 T 開頭的那個啊」這種現象。

與舌尖現象有關的兩個理論

與舌尖現象有關的理論大致可分成**直接路徑模式**（Direct-Access View）與**推論說**（Inferential View）。

根據直接路徑模式的說法，舌尖現象會在明明想不起來，卻覺得「應該記得」的時候出現。另一方面，推論說則認為那些快要想起來的事情，很有可能放在腦袋裡的某個角落，而我們的大腦則不自覺地根據這類線索（例如：取得該單字的部分資訊）認為「應該可以想得起來是哪個單字」，此時便出現了所謂的舌尖現象。

或許大家會覺得這兩種理論很類似，不過前者是**「我們的意識直接反映了在腦海之中發生的事」**，後者則是**「在腦袋裡面發生的事情，不一定與我們的意識或體驗一致」**。像後者這種主張大腦還有一個與意識並行的資訊處理過程的說法，自古以來還有非常知名的**雙重歷程理論**（Dual Process Theory）。這兩種資訊處理過程的差異，會對我們的日常生活帶來各種影響。

「想不起來」不等於「忘記」

一旦陷入舌尖現象，有可能會因為想不起來而焦慮或感到不快，

拉出記憶線索

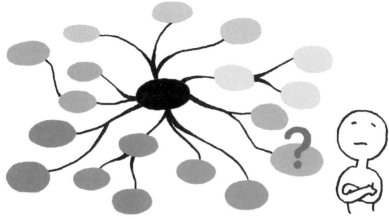

只要有一點線索，就能想起曾經記得的東西。

但只要告訴自己不要太焦急，給自己多一點時間，最終還是會想起來，因為「想不起來」不代表「忘記」。

在電影《神隱少女》之中，有一句「你不是忘記了過去的事情，只是暫時想不起來而已」的對白。雖然不能說大腦不會忘記事情（有時候就是真的不記得），但大家可以記得這個前提，多給自己一點時間，慢慢地就會回想起來。

參考文獻

Roger Brown and David McNeill, "The 'Tip of the Tongue' Phenomenon," Journal of Verbal Learning & Verbal Behavior: 5(4), 325–337, 1966.

Gregory Jones, "Analyzing Memory Blocks," edited by Michael Gruneberg, Peter Morris and Robert Sykes, Practical aspects of memory: Current research and issues, Wiley, 1988.

Bennett Schwartz, "Sparkling at the End of the Tongue: The etiology of tip-of-the-tongue phenomenology," Psychonomic Bulletin & Review: 6, 379–393, 1999.

高橋昌一郎『反オカルト論』光文社(光文社新書)、2016年。

服部雅史／小島治幸／北神慎司『基礎から学ぶ認知心理学: 人間の認識の不思議』有斐閣(有斐閣ストゥディア)、2015年。

如果發現值得一輩子珍惜的美好回憶，其實全是
虛構的話……

錯誤記憶

False Memory

意思	以為自己曾體驗過某些事情，但其實未曾體驗過的現象。這種現象又稱為假記憶或是偽記憶。

關聯	睡眠者效應（→140頁）

記憶會一點一滴改變

　　我們能記得多少充斥於日常生活的各種資訊，以及嬰幼兒時期發生的點點滴滴呢？想必絕大部分無法記得很清楚，有些甚至連想都想不起來吧。不過，**有些卻是彷彿歷歷在目，但與實情相去甚遠的記憶。**在此就要介紹這種現象。

　　下列是在美國進行的「植入記憶」實驗（Loftus and Pickrell, 1995）。

　　這項實驗對一位名為克里斯的 14 歲少年宣稱：「這些是你小時候曾經體驗過的事。」然後提出三件真的曾經發生過的事情，以及一件沒發生過的事情，接著實驗人員請克里斯寫下這四件事情的細節，以及這四件事之後的 5 天，發生了哪些事情，如果不記得細節就寫「不記得」。

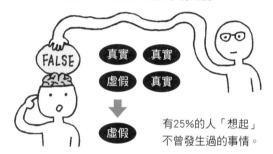

與「植入記憶」有關的實驗是？

請受測者回想三件實際發生過的事情，
以及一件不曾發生過的事情之後……

真實　真實

虛假　真實

虛假

有25%的人「想起」
不曾發生過的事情。

　　克里斯未曾體驗過的事情是「在大型購物中心迷路」。雖然克里斯未曾體驗過這件事，卻如下「回想」了這件事情的經過。

・5歲的時候，在家人常去買東西的華盛頓州斯波坎大學城購物中心迷路。

・在某位老爺爺的幫助之下找到家人時，真的哭得很慘，也覺得這位老爺爺「真的很酷」。

・當時非常擔心自己再也見不到家人，也被母親罵了一頓。

　　克里斯甚至還進一步描述這位老爺爺穿著藍色的法蘭絨襯衫，有點禿頭，還戴著眼鏡。

　　這位克里斯是特例嗎？實驗人員之後又對24名男女（18～53歲）進行了相同的實驗，其中有25%的人想起那些未曾體驗過的事情（Loftus and Pickrell, 1995）。

　　換句話說，我們的記憶**不是「錄影機」，總是會被新資訊干擾，**

修補與重新建構。這種以為自己曾體驗過某項事件，但該事件其實未曾發生過的現象稱為錯誤記憶（False Memory）。

不再使用記憶恢復療法的理由

這項研究結果在當時的美國投下了一顆震撼彈。

從佛洛依德的精神分析立場來看，釋放心理創傷與相關的記憶，避免自己不自覺地想起這些事情，可讓人擺脫不愉快的感覺。因此，有許多患者在經過治療之後，回想起自己曾被家人虐待的記憶，甚至有人因此將自己的父母親告上法庭。

不過，**透過治療想起的記憶真的是被埋藏在內心許久的記憶嗎？有沒有可能是錯誤記憶呢？**

心理治療師與研究記憶的學者針對這個部分不斷地辯論，最後甚至演變成受虐者與嫌疑犯的人權問題。

雖然到現在這些討論都沒有定論，**但現在已不再使用記憶恢復療法，這些討論也算是暫時塵埃落定。**

目擊證詞的可靠性

從電視新聞就可以知道，我們的身邊每天都有不同的事故或事件發生，有時候我們會剛好在現場，有時候甚至是當事人，而在這些情況下，目擊證人的證詞有時會成為重要的證據。

不過，**所見所聞的記憶不一定會一直是正確的，因為後續新增的資訊有可能會塗改之前的記憶**，而這類現象稱為記憶汙染。比方說，被粗心的警官問：「你剛剛看到的灰色車子開往哪個方向？」時，就

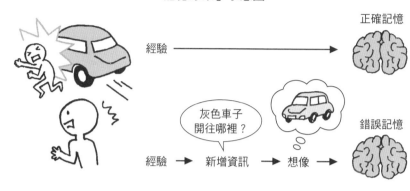

「記憶汙染」示意圖

正確記憶

經驗 →

錯誤記憶

灰色車子
開往哪裡？

經驗 → 新增資訊 → 想像 →

算你沒真的看到灰色車子，也有可能因此被灌輸「自己真的看到灰色車子」的記憶。

該注意的還不只是上述這些特殊情況。

每天接觸大量資訊的現代人，有相當高的機率會發生記憶汙染的現象。

為了避免無謂的爭辯，就要時刻提醒自己，別以為那些自己記得很清楚的事情真的完全符合事實。

此外，就算知道某個人的體驗與事實不同，也不需要立刻覺得「對方是個騙子」，因為一切都還言之過早。

參考文獻

Elizabeth Loftus and Jacqueline Pickrell, "The Formation of False Memories," Psychiatric Annals: 25, 720-725, 1995.

Elizabeth Loftus, Eyewitness Testimony, Harvard University Press, 1979. [E.F.ロフタス（西本武彦訳）『目撃者の証言』誠信書房、1987年。]

太田信夫編『記憶の心理学と現代社会』有斐閣、2006年。

太田信夫／多鹿秀継（編著）『記憶研究の最前線』北大路書房、2000年 。

下條信輔『〈意識〉とは何だろうか—脳の来歴、知覚の錯誤』講談社（講談社現代新書）、1999年。

時間一久，就不由自主地相信假新聞的理由。

12

睡眠者效應

Sleeper Effect

意 思	雖然一開始沒被那些可信度極低的資訊影響，但時間一久，對這些資訊的意見或態度就開始改變的現象。

關 聯	錯誤記憶（→136頁）

謠言的出處是？

我們每天會從電視、雜誌、網路或是謠言接觸各種資訊，有時候，來源可疑的資訊會擴散成謠言或是針對某人的抨擊，最後甚至會演變成在網路延燒的負面風波。

當我們頭腦冷靜下來，仔細回想時，有可能會覺得：

「當初怎麼會相信那種鬼話？」

仔想想想就會發現，那根本是不知出處的社群網站留言而已。

接著就為大家介紹與這種現象有關的認知謬誤，也就是所謂的**睡眠者效應**（Sleeper Effect）。

下列是在美國進行的某項實驗（Hovland and Weiss, 1951）。

實驗人員一開始先讓參加實驗的大學生閱讀四個熱門話題的相關報導（例如「抗組織胺藥物是否該在沒有醫師處方的情況下繼續販

售？」的話題）。

　　雖然這些報導都有標示出處，但這部分都被當成實驗條件操作。以抗組織胺藥物為例，有的會將出處標示為生物醫學期刊，有的則是標示為八卦雜誌。此外，不管標示的出處為何，報導的內容基本上一樣，只有最後的結論會有肯定或否定的差異，至於該標示為何種出處則是因人而異。

　　一開始，實驗人員會先告訴大學生，這些報導是一般的民意調查結果，還會要求這些大學生在閱讀這四篇報導之前、之後，以及 4 週後回答問題。

　　這個實驗想知道的是，大學生的意見會因為這些報導的立場產生多少改變，不過，為了避免大學生發現這項實驗的企圖，也會提出一

圖 1　資訊的說服力會隨著時間改變

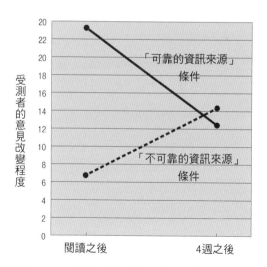

參考：Carl Hovland and Walter Weiss, "The Influence of Source Credibility on Communication Effectiveness," Public Opinion Quarterly: 15(4), 635-650, 1951.

些毫無相關性的問題。

結果就如圖 1 所示。

大學生在讀完報導之後，越是可信的資訊來源，大學生的意見越容易改變，越是不可靠的資訊來源，意見就越不容易改變，這也是誰都能預測的結果。

不過，過了 4 週之後，上述兩種情況的落差就消失了。換言之，**即使是一開始被判斷為可信度不高的資訊，只要過了一段時間，大學生就會被這些資訊說服了。**

腦 中 的 潛 伏 者 ？

有時候，**在接觸具說服力的資訊之後，再接觸其他資訊時，有時這些資訊就會顯得不那麼可靠（例如八卦雜誌的報導），但是時間一久，這些原本不怎麼可靠的資訊卻會變得比較可信。**

這種現象就像是潛伏在日常生活，外表看起來與一般人無異的間諜（原文的 Sleeper 有臥底、潛伏者之意），所以在英文便稱為「Sleeper Effect」，中文則稱為睡眠者效應。

這種現象的背後藏著**來源監控（Source Monitoring）**這項機制，所謂的來源監控是指**正確判斷記憶（例如聽過的故事或看過的景色）出處的功能。**

時間一久，「記得報導內容卻忘記出處」的狀態（或是「記得出處，卻忘記與哪些報導有關的狀態」，都算是來源監控失敗的狀態。前一節介紹的錯誤記憶（False Memory）也可解釋成無法分辨某個特定記憶是親身經歷，還是從別人口中聽到的想像狀態。

有不少研究指出，睡眠者效應會在下列這些條件下出現。

●資訊（報導）很有說服力的情況。

●先接觸資訊，之後再知道資訊出處的情況。

●資訊的可信度不足以抑制接觸資訊之後的態度轉變。

●接觸資訊之後，過了很長一段時間的情況。

「先説先贏」的戰爭？

美國最近出現了「swiftboating」這個新名詞，這個名詞的意思是在選舉的時候，針對競選對手個人發動的激烈攻擊，而這些攻擊有時會讓人覺得不舒服，或是不信任。

不過，**這種手段卻會慢慢地發酵，拉開雙方在票數上的差距。**

儘管我們每天都被迫接受大量的資訊，但卻誤以為自己能判斷假新聞。

不過，在這些可信的資訊之中，有可能**挾雜了一些「臥底」。**這個時代有許多來路不明的人宣稱自己要「踢爆內幕」，然後在社群網站或影音網站散播不知真偽的謠言，所以我們更該注意那些可信的資訊之中，是否挾雜了一些假資訊。

另外還要注意一件事，那就是自己無心的一篇貼文有可能會變成謠言，或是在各大社群網站瘋傳，最終形成難以收拾的局面。

参考文献

太田信夫／多鹿秀継(編著)『記憶研究の最前線』北大路書房、2000年。
高橋昌一郎『反オカルト論』光文社(光文社新書)、2016年。

「靈光一閃」所需的意外步驟。

13

心 理 制 約
Mental Constraints

意 思	藏在潛意識之中，阻止人們解決問題的成見。

關 聯	功能固著（→148頁）

9 點問題與不存在的「箱子」

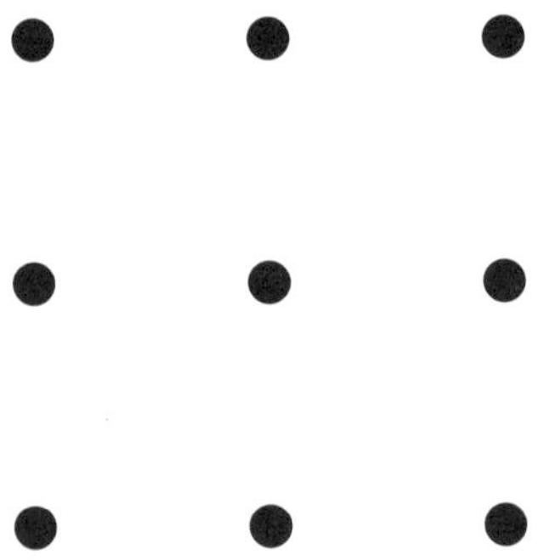

請大家看一下右圖。假設要一筆畫完這 9 個點，最少需要畫出幾條直線？每個點都可重複經過。

第一次遇到這個問題的人，大概都會回答「5 條」。不過，若加上最多只能畫出 4 條直線的條件時，又該怎麼畫呢？

這個問題看似簡單，但其實只有 20 ～ 25% 的人能夠答對，算是知名的難題之一。

147 頁列出了幾個正確解答，不

9 點問題

知道各位是否也想到一樣的答案。

這個問題的困難之處，在於答題者將這 9 個點看成一個「正方形的箱子」，而不是分散的 9 個點，所以會一直想在這個「箱子」之中畫線。

這種藏在潛意識之中，不自覺地妨礙我們解題的制約就稱為心理制約（Mental Constraints）。如果不解開這種制約，也就是不換個角度思考，答題者就會一直在箱子內側打轉，找不到正確答案。

跳脫箱子的方法

"think outside the box" 這句意思為「靈活思考」的慣用句，就是源自這個 9 點問題。

要解決問題，就必須先推翻宛如無形枷鎖的前提，需要具備「直線可超出箱子之外」、「直線可在沒有點的位置轉彎」這類想法。

該怎麼做，才能像這樣從另一個角度思考問題呢？一般來說，靈感會經過準備、醞釀、豁朗、驗證這四個階段誕生（Wallas, 1926）。

在準備期（Preparation）裡，人們會將注意力放在解決問題的環節上，不斷地進行挑戰，不斷地面臨失敗。若以 9 點問題比喻，就是不斷地在箱子內部畫線，卻遲遲找不到正確的畫法，陷入無計可施的地步。

接著會進入醞釀期（Incubation。英文的 incubation 指的是在蛋孵化之前，持續保溫的時期）。在這個階段裡，當事人會開始放空，或是做一些其他相對簡單的事情。若從旁人的角度來看，當事人似乎已經放棄解決問題，但其實當事人正不自覺地繼續努力中。

等到進入**豁朗期**（Illumination）之後，靈感就會湧現。此時當事人會「突然想到正確解答」，然後覺得驚喜與感動（稱為頓悟經驗）。

最後的**驗證期**（Verification）就是嘗試想到的靈感，確認能否因此找到正確答案的階段。

這四個階段並非彼此獨立，而是會互相影響，因為要從醞釀期進入豁朗期，就必須在準備期這個階段專心面對問題，了解問題的基本構造。

「放空」的重要性

許多與歷史上重大發現有關的小故事，都證實了醞釀期階段的重要性。

比方說，古希臘的阿基米德在泡澡的時候，看到從浴缸溢出的熱水，想到了正確測量皇冠體積的方法。應該有不少人都有過，在放鬆的時候想到靈感的經驗。

提出前述「四個階段」的心理學者提議，**在工作流程之中，安排專心工作與放空的時間，就能誘發醞釀期的效果。**

近年來，美國的研究團體也透過促進創造力的課題研究休息的效果（Baird, et al., 2012）。這項實驗的對象分成四個群組：一個是在處理課題時，有休息時間的組別；另一個則是沒有休息時間的組別；其次是暫停手上的課題，再分別參加其他兩個課題（必須專心處理的課題，以及可以邊放空邊處理的課題）的組別。結果發現，暫停手上的課題，去其他組處理可一邊放空，一邊處理的課題的組別，回頭繼續處理暫停的課題時，比較容易找到靈感。

這些事情告訴我們，**要想找到靈感，需要的不只是單純的「休息」，而是需要放空與放鬆。**

　　當我們一直想不到點子，腦汁都快榨乾的時候，該做的事情不是滑手機，也不是繼續讀那些喜歡的小說，而是要為自己安排一段「什麼都不做」的時間。

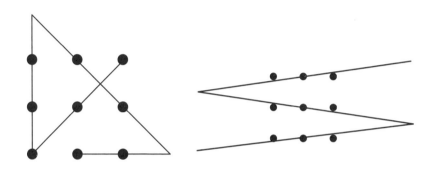

9點問題的解答。
這個問題早在100年前的腦筋急轉彎書籍就已經出現了。

參考文獻

Benjamin Baird, Jonathan Smallwood, Michael Mrazek, Julia Kam, Michael Franklin and Jonathan Schooler, "Inspired by Distraction: Mind Wandering Facilitates Creative Incubation," Psychological Science: 23(10), 1117-1122, 2012.
Graham Wallas, The Art of Thought, Harcourt, Brace & Co., 1926.
安西祐一郎『問題解決の心理学:人間の時代への発想』中央公論社(中公新書)、1985年。
道又爾／北崎充晃／大久保街亜／今井久登／山川恵子／黒沢学『認知心理学:知のアーキテクチャを探る[新版]』有斐閣(有斐閣アルマ)、2011年。

14

功能固著
Functional Fixedness

意思	過於執著某物一定要於特定用途使用，導致無法想到新用途的現象。

關聯	心理制約（→144頁）

試著回答蠟燭問題

假設你眼前有圖 1 的這些道具，你該如何利用這些道具，才能將蠟燭固定在門上面呢？（答案可參考 151 頁的圖 2）。

這個是觀察人類如何解決問題的研究（Duncker, 1945）。

這項實驗的受測者分成兩組，一組會看到盒子被當成「容器」使用的狀態，一組則是看到盒子是空著的狀態。

結果發現，看到盒子是空著的那組，都想到圖 2 的答案，但是看到盒子被當成容器使用的那組，只有一半能回答正確答案。

這就是注意力被「容器」這個盒子固有的功能束縛，無法將盒子當成其他工具使用的狀態，這種狀態就稱為功能固著（Functional Fixedness）。

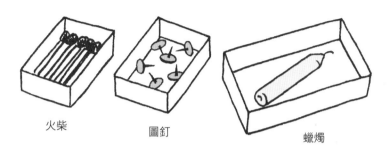

圖 1　蠟燭問題

火柴　　　　　圖釘　　　　　蠟燭

該如何使用上述的道具將蠟燭固定在門上面呢？

尋找靈感的途徑

　　有些人或許會覺得，發生這種「功能固著」狀態也沒什麼，但只有具備擺脫這種狀態的能力，才能快速解決問題與找到靈感，一舉突破僵局。

　　其實我們的日常生活**除了需要找出唯一正解的思維（收斂式思考），也需要不斷創新的思維（擴散式思考）**。一般認為，這種擴散式思考與找到靈感的能力有關，而這種能力這與智商的高低無關，智商測試也難以衡量這種能力。

　　不過，這種找到靈感的能力（創造力）可利用 Unusual Uses Test（UUT）衡量（Guilford, 1967）。

　　這個測試要求受測者盡可能替常見的事物尋找新用途。所以接下來讓我們一起想想 500 毫升的寶特瓶還有哪些用途。

　　裝水是寶特瓶本來的用途，但如果在幾個寶特瓶之中裝水，當成醃漬醬菜之際的重物使用；或是拿來丟，看誰丟得比較遠；或是在裡

第 II 部　149

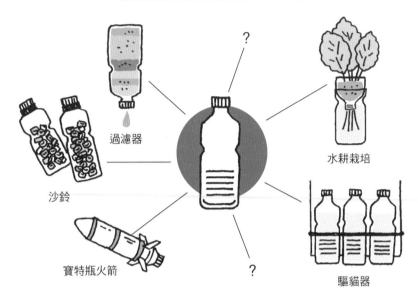

寶特瓶還有哪些用途呢？（UUT）

過濾器

沙鈴

寶特瓶火箭

水耕栽培

驅貓器

面裝沙子，當成沙鈴使用；或是切成一圈圈的形狀，當成手環，都算是寶特瓶的其他用途。

人工智慧還無法與人類比擬的能力

大家應該聽過，「幾十年後，人工智慧（AI）將取代人力」這類說法。

被認為最先提出這類說法的報告（Frey and Osborne, 2013），以美國國內 702 種職業為對象，預測了該職業完全由電腦取代的機率，也做出可在「未來的 10 年或 20 年之內」被電腦取代的工作將占美國勞工人數一半的結論。

那麼我們的工作真的沒多久就要被人工智慧取代了嗎？不一定，因為我們每天都會面對一些「意料之外」的問題，而要解決這些問題就需要創意。

目前有許多研究者不分晝夜地開發具有創造力的人工智慧，試著讓人工智慧進行一些需要創造力的活動。不過，在還沒完全了解人類的創造力從何而來之前，要開發出與人類具有同等創造力的人工智慧，恐怕還遙遙無期。

一般認為，全球化會讓人類社會大幅改變，無法預測未來的時代即將到來。

要在這樣的時代存活，跳脫傳統的創造力便顯得十分重要。

圖 2 蠟燭問題的解答

參考文獻

Karl Duncker, "On Problem-Solving," translated by Lynne Lees, Psychological Monographs: 58(5), i-113, 1945.

Carl Frey and Michael Osborne, "The Future of Employment: How Susceptible are Jobs to Computerisation?" ⟨https://www.oxfordmartin.ox.ac.uk/downloads/academic/The_Future_of_Employment.pdf⟩ Sep. 17, 2013.

Joy Guilford, The Nature of Human Intelligence, McGraw-Hill, 1967.

安西祐一郎『問題解決の心理学:人間の時代への発想』中央公論社(中公新書)、1985年。

道又爾／北崎充晃／大久保街亜／今井久登／山川恵子・黒沢学『認知心理学: 知のアーキテクチャを探る[新版]』有斐閣(有斐閣アルマ)、2011年。

認知科學
謬誤

15

選 擇 性 注 意
Selective Attention

| 意 思 | 一如即使身處嘈雜的環境，也能聽到特定對象說什麼的情況，選擇性注意就是從眾多資訊挑出必要資訊的現象。 |

| 關 聯 | 注意力瞬盲（→156頁） |

在吵鬧的派對聊天

請大家想像一下你正處在很熱鬧的派對或咖啡廳，旁邊的人都很開心地聊天，整個環境非常嘈雜的情況。

此時若是豎起耳朵聽距離有點遠的小團體在聊什麼，居然可以聽得清楚，完全不會受到周圍的吵鬧干擾。

這種現象稱為**雞尾酒會效應**（Cocktail Party Effect），我們平日也很常體驗這種現象，而在英國進行的一連串實驗也證實了這個效應（Cherry, 1953）。

這項實驗的實驗人員會讓受測者的左右耳聽到不同的語音，然後要求受測者注意其中一邊的語音，再於口頭不斷複誦（默讀）。結果發現，受測者完全不知道自己忽略的另一邊語音在說什麼，只記得音調的特徵（例如：聽起來很像是英文）。其實受測者連另一邊的聲音

何謂雞尾酒會效應？

即使周邊很吵鬧，只要專心一點，
就能聽到特定的對話。

是英語母語者，正以英語的聲調在說德語的這件事都沒注意到。

由此可知，我們忽略的聲音資訊會被「排除」（反過來說，就是只「選擇」自己想要注意的聲音資訊），也讓我們覺得自己「聽得到聲音」。

選擇性注意的現象不只發生在語音

除了上述的語音之外，我們也很常從大量的資訊之中，挑出特定的資訊，而這種能力就稱為選擇性注意（Selective Attention）。

在眾多了解我們平常是如何有效率地使用選擇性注意這項能力的研究之中，以美國的一連串實驗最為有名（Simons and Chabris,

1999）。這項實驗的影片已於網路公開，搜尋 "selective attention test"（選擇性注意測試），就能看到一群人正在打籃球的影片（開頭英文說明的意思是「請計算穿白色衣服的人傳了幾次球」）。

為了替大家保留驚喜，在此就不破梗，不過這支影片連一分半鐘都不到。這些研究學者也因為這個令人愉快的實驗，在 2004 年獲頒搞笑諾貝爾獎（Ig Nobel Prize，以搞笑作為頒獎標準的獎項）。

一旦偏離選擇性注意

想必大家已經知道，**我們擁有在充斥著無數種資訊的環境之下，聚焦在某項特定資訊的能力。**

此外，有時候卻會**因為這種選擇性注意而忽略相對劇烈的變化**，這種現象就稱為**改變盲視（Change Blindness）**。

在此為大家介紹下列的實驗（Simons and Levin, 1998），這個實驗的影片一樣能以「the "Door" study」這個關鍵字在網路找到。

這項實驗的實驗人員會先向路過的路人問路，而在兩人正在對話時，會有兩個人（其實是暗椿）搬著大型木板，從正在對話的兩個人中間穿過，而且最初向路人問路的實驗人員會在木板的掩護下，換成搬運大型木板的暗椿，由這位暗椿（與最初的實驗人員的外表或聲音完全不同）與路人繼續對話。

路人會因為問路的人換成另一個人這件事大吃一驚嗎？會尋找剛剛跟自己問路的人嗎？其實**約有半數的路人沒發現剛剛與自己對話的人已經換成暗椿**，也若無其事地與暗椿繼續剛剛的對話。

「低頭族」的危險性

　　總歸來說，我們都是以名為選擇性注意的「聚光燈」，應用有限的處理能力，所以就得仔細思考該如何使用這盞照射範圍有限的「聚光燈」。

　　比方說，日本的道路交通法已禁止單手駕駛汽車，換言之，「邊開車，邊滑手機」是違法的，這也導致許多汽車專用的手機架大賣，但這樣真的解決了問題嗎？

　　想必大家已經知道，**從認知科學的角度來看，這麼做還是非常危險**。就算將雙手放在方向盤上，也不代表就能安全駕駛。

　　假設在開車的時候，所有的注意力都聚焦在手機，其餘的資訊都被「排除」的話……光是想像就令人害怕。在事情演變成沒辦法以一句「沒注意到」收拾善後之前，請務必問問自己，平常是否也有類似的行為。

參考文獻

Oskar Pfungst, Das Pferd der Herrn von Osten (Der Kluge Hans): Ein Beitrag Zur Experimentellen Tier-Und Menschen Psychologie, Barth, 1907.[オスカル・プフングスト（秦和子訳）『ウマはなぜ「計算」できたのか』現代人文社、2007年。]

Robert Rosenthal and Lenore Jacobson, "Pygmalion in the Classroom," The Urban Review: 3, pp.16-20, 1968.

高橋昌一郎『反オカルト論』光文社（光文社新書）、2016年。

低頭族容易遇到車禍的主要原因。

16

注意力瞬盲
Attentional Blink

意 思	短時間內陸續出現多個必須注意的對象時，忽略後面才出現的對象。
關 聯	選擇性注意（→152頁）

注意與日常生活

在人類的視野之中，能看清物體的範圍稱為**中心視野**，大約是從視網膜的中心點起算的 2 度左右範圍，至於中心視野周遭的範圍則是「差不多可看清楚」的**周邊視野**，目前已知的是，這個範圍會隨著狀況縮放。

比方說，曾有個實驗想知道開車時，駕駛人能多快注意到出現在周遭的事物（三浦・篠原，2001）。結果發現「交通越混亂」，周邊視野就越小，也就越難察覺突然出現的物體。

意思是，如果是能清楚看見事物的中心視野，就不會忽略周遭的物體嗎？當然不是，所以接下來要介紹**注意力瞬盲**（Attentional Blink）這個知名的現象。

注意力也會「眨眼」？

1987 年，注意力瞬盲這個現象第一次被提出（Broadbent and Broadbent, 1987），後續也有許多研究者為了了解這個現象的機制，進行了許多研究。

這項實驗會於個人電腦的螢幕快速播放多張圖片。圖 1 是播放方式的示意圖，從中可以看到每張圖片只播放 0.1 秒。

實驗開始之前，實驗人員會告訴受測者：「接下來會每次顯示一個英文字母，但其中會摻雜兩個數字。」並且要求受測者回答是哪兩個數字。如果受測者能在高速切換的連續圖片之中找出目標（數字）就算過關。

不過，**當這兩個目標在 0.5 秒之內連續出現時，受測者通常會漏掉第二個目標**，而且就算睜大眼睛，用中心視野盯著看，還是會出現一樣的現象。這種不可思議的現象**簡直就像是注意力在眨眼，漏看了**

圖 1　注意力瞬盲實驗裡的圖片快速切換的方式

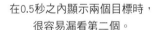

在0.5秒之內顯示兩個目標時，
很容易漏看第二個。

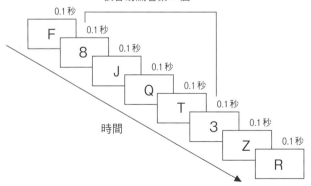

時間

<u>決定性的瞬間一樣。</u>

比方說在開車或騎腳踏車的時候，一旦交通很混亂，或是車旁邊有行人的時候，就會陷入同時得注意多個「目標」的狀態。在這種目不暇給的狀態下，就有可能為了順利右轉而看不見路人。

請大家務必記得，就算以中心視野盯著看，也不見得不會「漏看」的這個現象。

注意資源並非無限

與注意力瞬盲的機制相關的假說非常多。

其中有絕大部分的假說主張**注意力瞬盲使用了過多的注意資源處理最初的資訊，導致無法處理接踵而來的資訊**（資源剝奪模型）（集大成：森本・八木，2010）。**注意資源**（Attention Resource）又

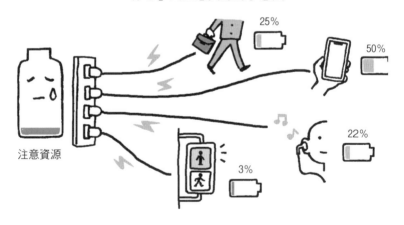

「分心」與注意資源的示意圖

25%

50%

注意資源

3%

22%

同時做很多件事情，注意資源就會耗盡，
也會忽略最需要注意的對象。

稱為處理資源，是將注意力比喻成「處理資訊所需的心智能量」的用語。每個人的單次注意資源都有上限，所以很難「分心」，很難同時注意很多事情，通常都會有所疏漏。

不過近年來，也有許多研究學者認為這種現象源自從大量的多餘資訊之中，找出第一個資訊的過程所引起（選擇模型）。不過，這部分還未有定論，也有許多研究學者在討論這個議題。

該如何降低注意力瞬盲？

為了平安地度過每一日，我們都必須留意何時會發生注意力瞬盲現象。

近年來，有不少研究學者都在進行降低注意力瞬盲的研究。

我們常常無意識地處理資訊，如果能夠知道注意力瞬盲是如何在處理資訊的時候出現，也知道該如何避免這個現象發生的話，或許解開注意力瞬盲之謎的日子也就不遠了。

參考文獻

Donald Broadbent and Margaret Broadbent, "From Detection to Identification: Response to Multiple Targets in Rapid Serial Visual Presentation," Perception & Psychophysics: 42, 105－113, 1987.

河原純一郎『注意の瞬き』心理学評論、46(3)、501-526、2003年。

服部雅史／小島治幸／北神慎司『基礎から学ぶ認知心理学:人間の認識の不思議』有斐閣(有斐閣ストゥディア)、2015年。

三浦利章／篠原一光『注意の心理学から見たカーナビゲーションの問題点』国際交通安全学会誌、26(4)、pp.259-267、2001年。

森本文人／八木昭宏『注意の瞬き現象のメカニズム』関西学院大学「人文論究」、60(2)、pp.25-38、2010年。

於19世紀實際存在的馬——懂得算術的聰明漢斯告訴我們的事。

17

聰明漢斯效應
Clever Hans Effect

意 思	人或動物在接受測試或檢查時，根據檢查人員的一舉一動，回答檢查人員期望的答案。

關 聯	確認偏誤（→164頁）

聰明漢斯與事件的始末

19 世紀末，德國出現了一匹因為高智商而聲名大噪的馬。這隻馬的名字叫做漢斯，能以「踩踏地面的次數」回答飼主的問題。在漢斯接二連三回答算術問題以及和音問題之後，讓圍觀的觀眾完全陷入興奮。

漢斯的這類行為在經過調查之後，得到了其中沒有任何作弊嫌疑的報告。換言之，漢斯聽得懂飼主的題目，而且還擁有解題所需的智商，這項報告也間接證實了漢斯擁有高智商這件事。

不過之後又再次進行了調查，在一連串經過精心設計的實驗之中，設計了許多連圍觀的觀眾與出題者都「不知道問題是什麼」的情況（Pfungst, 1907）。以算術問題的情況為例，實驗人員讓不同的人在漢斯的耳邊隨意說一個數字，再讓漢斯加總這些人說的數字，結果

漢斯解答算術問題的情況

發現，**原本正確解答率高達九成的算術問題掉到只剩一成左右。**

眼 見 不 一 定 為 憑

　　為什麼漢斯只能在「圍觀的人知道問題的內容」時，正確回答題目呢？

　　其實，**漢斯在答題的時候，觀眾的表情或是臉的方向，會隨著漢斯踩踏的次數越接近正確答案而改變**，而且觀眾本人以及其他圍觀的人，都沒察覺這些變化。

　　然而，察覺這些變化的漢斯為了在答對題目之後，吃到最喜歡的零食，便根據這些變化答題。

　　儘管飼主沒有耍詐，但漢斯的「聰明」背後藏著上述的機關。

「 自 以 為 是 」 對 對 方 造 成 的 影 響

　　廣義來說，像聰明漢斯這種某個人的舉動對別人的行為造成

影響，導致結果出乎預期的現象稱為**實驗者效應**（Experimenter Effects），換言之，前述的漢斯其實是根據觀眾的表情「回答了適當的答案」。

在眾多實驗者效應的例子之中，最有名的就是**畢馬龍效應**（Pygmalion Effect，也稱教師期望原理）。這個效應是在某間小學進行的實驗之後得到的結果（Rosenthal and Jacobson, 1968）。

這項實驗會在學期的一開始，對兒童進行學習能力預測測驗與特殊測驗（其實只是一般的智商測驗），再給班級導師一張測試成績的分析結果表，讓班級導師知道「今後哪些孩子的成績會變好」。不過，分析結果表上面的孩子是隨機抽選的，與測試成績一點關係也沒有，最終這些孩子的成績的確比其他孩子來得更好。

這項實驗告訴我們，本該公平對待每一位孩子的老師，不自覺地幫助那些「今後成績有可能變好」的孩子或是給予特別的關愛之後，

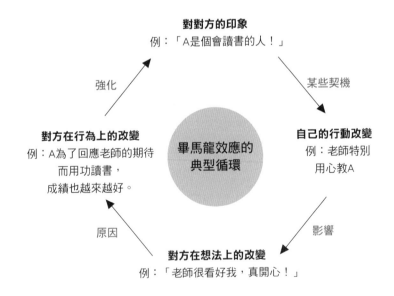

對對方的印象
例：「A是個會讀書的人！」

強化

某些契機

對方在行為上的改變
例：A為了回應老師的期待
而用功讀書，
成績也越來越好。

畢馬龍效應的
典型循環

自己的行動改變
例：老師特別
用心教A

原因

影響

對方在想法上的改變
例：「老師很看好我，真開心！」

就算那些期待毫無根據，孩子的成績還是變好了。

這種現象也能反映教師的性別觀或偏見。比方說，有報告指出，理科老師的授課態度會因為學童的性別有所差異，比起女學童，大部分的理科老師更關心男學童（集大成：赤井，1997）。

聰明漢斯的教訓

一如前述，人（或是馬）會從別人的行為揣測對方的期待，再依照對方的期待改變自己的行為。

一如電影《窈窕淑女》（*My Fair Lady*）之中的教授席金斯（Professor Henry Higgins）讓奧黛麗·赫本（Audrey Hepburn）飾演的賣花女變身成上流社會的淑女，或許也有人希望依照自己的期待改變別人。

假設你是負責指導社團學弟妹或公司下屬的人，有可能在某些因緣際會之下，覺得某位學弟妹或下屬「很優秀」，所以願意花更多時間指導，結果這位學弟妹或下屬的成績也因此越好。

不過，要是因此讓「其他人」覺得自己被冷落，這些人就會因為你的偏心而討厭你，團體內部也有可能因此越來越不和諧。

參考文獻

Oskar Pfungst, Das Pferd der Herrn von Osten (Der Kluge Hans): Ein Beitrag Zur Experimentellen Tier-Und Menschen Psychologie, Barth, 1907.［オスカル・プフングスト（秦和子訳）『ウマはなぜ「計算」できたのか』現代人文社、2007年。］
Robert Rosenthal and Lenore Jacobson, "Pygmalion in the Classroom," The Urban Review: 3, pp.16-20, 1968.
高橋昌一郎『反オカルト論』光文社（光文社新書）、2016年。

從「沃森選擇題」得知讓我們的思考變得偏頗的
機制。

確認偏誤

Confirmation Bias

| 意 思 | 只收集符合自己的想法或假說的資訊，而忽略其他不符合的資訊。 |

| 關 聯 | 聰明漢斯效應（→160頁） |

挑戰沃森選擇題

　　圖1是為了釐清人類邏輯推論特徵所設計的沃森選擇題（Wason Selection Task）（Wason, 1966）。

　　到目前為止，有不少實驗都使用了這個問題，**以大學生為對象的研究也告訴我們，答對的機率也頂多一成而已**，同時還告訴我們，選擇「正面只有母音的卡片」或是「母音的卡片與偶數的卡片」的人占絕大多數。或許有些人會覺得，選擇「A」與「4」的人比較多，但很可惜的是，這不是正確答案，只有翻開「A」與「7」的卡片才是正確答案。

　　因為「一面是母音，另一面一定是偶數」的假說只會在「一面是母音，以及另一面是奇數」的卡片存在時，才會不成立。

　　換句話說，不管偶數卡片的背面是什麼卡片，假說都不會被推翻

圖1　沃森選擇題

眼前的所有卡片都一面寫著英文字母，一面寫著數字。請大家想想，至少要翻開哪些卡片，才能確認「一面是母音，另一面一定是偶數」這個假說成立呢？

（假說並未規定偶數卡片的背面一定要是母音）。這代表，不需要翻開4的卡片。我們該確認的是「一面是母音」的卡片背面（如果是奇數，假說就不成立），以及「一面是奇數」的卡片背面（如果是母音，假說就不成立），為此，需要翻開A與7的卡片。

大家不需要為了答錯這個問題而難過，因為這個問題就是因為很多人無法答對而有名。

接著讓我們根據這個沃森選擇題的「困難之處」，進一步觀察人類的思考特徵。

▎困難之處① 確認偏誤

除了社群網站之外，我們每天都會遇到毫無根據的資訊。即使是「〇月〇日將發生大地震」這種毫無科學實證的預言，一旦有人相信，這個人就會盲目地收集足以佐證這個預言的資料（比方說，把隨處可見的雲朵形狀當地震雲，或是覺得鄰居的狗最近很常叫），並且

越來越相信這個謠言。

　　我們很常為了確認自己的想法或假說「是正確的」，而盲目地收集符合假說的資訊。反過來說，我們不會收集那些不符合假說的資訊，甚至會忽視這類資訊。這種傾向就稱為確認偏誤（Confirmation Bias）。

　　沃森選擇題的背後也有這種偏誤作祟。

　　以「一面是母音，另一面就是偶數」的規則而言，雖然問題不在於偶數卡片「4」的背面是母音還是子音，但我們還是會不由自主地選擇卡片「4」。

困難之處 ②　　主題內容效果

　　另外也證實了一點，那就是確認偏誤不足以完全解釋這個問題的困難之處。

　　請大家試著挑戰圖 2 的「郵局員工問題（安西，1985 部分修改）。

　　這個郵局員工問題的結構與沃森選擇題相同，但大家比較容易了解需要確認的是甲與丙吧。「只要信封已封緘，就一定會貼著 60 元的郵票」的假說，只有在「已封緘，而且沒有貼 60 元郵票的信封」存在時才會被推翻。換句話說，沒有封緘的信封與貼了 60 元郵票的信封都不是該檢查的對象。

　　儘管這兩個問題幾乎一樣，但許多人都覺得沃森選擇題比較難，正答率也比較低。這種問題的構造沒變，但出題內容更加具體，正答率就大幅變化的效應稱為主題內容效果（Thematic Content Effect）。也就是說，沃森選擇題因為不屬於日常體驗，所以讓人覺得更難回答。

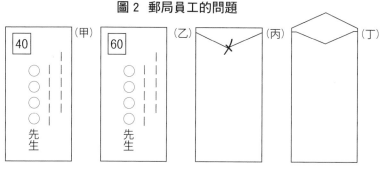

圖 2　郵局員工的問題

假設你是一名郵局員工，郵局堆了許多信，只要已封緘，就必須貼上60元的郵票。現在你的眼前有4個信封，至少該翻開幾個信封才能完成確認呢？

參考：安西祐一郎『問題解決の心理学：人間の時代への発想』中央公論社（中公新書）、1985年。

如何擺脫確認偏誤

確認偏誤會在日常生活的各種場景出現。

比方說，一旦覺得「這個人很冷淡」，之後就會一直收集符合這個印象的資訊（例如不幫忙校慶，或總是已讀不回），也會忽略不符合這個印象的資訊（比方說，對方教你功課，或是很有耐心地與你商量事情）。

為了避免自己太過偏執，記得提醒自己偶爾翻翻不同的「卡片」。

參 考 文 獻

Peter Wason, "Reasoning," edited by Brain Foss, New Horizons in Psychology: 1, Penguin Books, 1966.
内村直之／植田一博／今井むつみ／川合伸幸／嶋田総太郎／橋田浩一『はじめての認知科学』新曜社、2016年。
高橋昌一郎『知性の限界』講談社（講談社現代新書）、2010年。

19

迷 信 行 為
S u p e r s t i t i o u s   B e h a v i o r

意　思	誤以為偶然發生的兩個獨立事件之間有因果關係。

關　聯	賭徒謬誤（→42頁）　　偽相關（→172頁）

虛有其表的因果關係

只要曾向流星許願，而且願望也成真，說不定以後只要看到流星就會許願。

除了流星這個例子，我們也**很常以為各種事件之間有所謂的因果關係**。比方說，穿紅色襪子去社團，就能打好比賽；覺得智慧型手機的電力在天氣炎熱的時候掉得特別快；把電腦的桌布換成某種圖案，考試就會成功。

這類迷信行為（Superstitious Behavior）不只發生在人類身上，在此為大家介紹某個實驗。

進行實驗時，會每天將空腹狀態的鴿子放進實驗專用籠子幾分鐘（Skinner, 1948），然後讓裝在籠子上面的餵食器，以一定的時間間隔釋放少量的飼料，沒想到過了一段時間之後，每隻鴿子身上居然出

現了一些特殊的行為，例如某隻鴿子會讓身體沿著逆時針的方向轉圈圈，另一隻鴿子則是不斷地用頭撞籠子上方的邊角，還有兩隻鴿子會讓頭與身體如同鐘擺般左右晃動，甚至有鴿子不斷地做出把某個東西往上提的動作。

迷 信 行 為 的 機 制

這裡的重點是，在以固定的時間間隔餵食之前，這些鴿子不曾做過這些奇妙的行為。

被放入實驗籠子的鴿子一開始應該會東啄西啄，或是慌慌張張地搖晃身體，做出各式各樣的行為。假設其中的某隻鴿子在投放飼料時，剛好讓身體沿著逆時針的方向轉，吃完飼料之後，又開始做其他的動作。此時，「讓身體沿著逆時針方向轉」的這個動作出現的頻率若是變高，很有可能代表鴿子覺得「讓身體沿著逆時針方向轉，就有飼料可以吃」。

長此以往，空腹的鴿子就習慣在籠子裡做一些特殊的行為。

由此可知，不管是動物還是人，只要能透過某些動作得到獎賞，之後就會常常做出相同的動作，而這種改變行為的機制，也會讓人做出開頭提及的迷信行為。

迷 信 行 為 經 常 出 現

不管是誰，或多或少都曾有過這類迷信行為。

比方說筆者工作時都會使用無線滑鼠，但這個無線滑鼠在電腦啟動之後的幾秒內不會有任何反應，等到筆者按幾下滑鼠才能正常運

迷信行為無法改變結果

原因 ✕ 結果

作。我知道，滑鼠能否正常運作與按幾下滑鼠沒有關係，純粹只是時間的問題，但還是覺得按幾下會比較安心，所以每天重複著相同的「儀式」。

不過，**也有特別容易出現迷信行為的團體，比方說運動選手、賭徒以及準備考試的學生**（Vyse, 1997）。

仔細想想就會知道，運動選手與賭徒特別祈求順利，大考之前的學生也有自己特有的祈願儀式。

與「迷信」相處的方法

要戒掉這種迷信習慣的方法之一就是消除。以開頭的流星例子而言，就是不斷地體驗向星星許願，但願望都沒實現的過程，如此一來「向星星許願」→「願望實現」之間的連結就會斷開。

不過，要消除迷信行為並不容易。比方說，如果是向流星許願這

種迷信，恐怕很難一直遇到流星，當然就很難消除相關的迷信。

此外，就算一直努力消除迷信行為，也有可能會以「是我許願的方法有問題，所以願望才沒能實現」說服自己。

如果這類迷信行為能讓你覺得安心，或是變得更樂觀積極，就不需要特別消除。運動選手之所以會在比賽之前進行特定的儀式，其實也是同樣的道理。

要注意的是，迷信行為有可能讓我們過度依賴毫無根據的因果關係，也可能讓我們放棄努力，更可能讓我們失去冷靜，無法正常判斷事情。

假設在因緣際會之下，發現 A 與 B 這兩個獨立事件之間有所謂的因果關係（但其實沒有），就有可能會以為「只要做了 A 這件事，就一定會得到 B 這個結果」，誤會自己能夠操縱結果。

明明是無法控制的事情，卻以為「自己的行為能影響結果」的現象稱為**控制的錯覺**（Illusion of Control）。

比方說，企圖透過某些特別的儀式抽中手遊稀有角色的人，最好趕快清醒過來，常把「現在手氣正好」這種毫無根據的說法掛在嘴邊的人，也要特別注意上述的「控制的假象」。

總而言之，**隨機發生的獨立事件是不會受到過去的事件影響的。**

參考文獻

Burrhus Skinner, "'Superstition' in the Pigeon," Journal of Experimental Psychology: 38(2), 168-1721, 1948.

Stuart Vyse, Believing in Magic: The Psychology of Superstition, Oxford University Press, 1997.[スチュアート・A.ヴァイス（藤井留美訳）『人はなぜ迷信を信じるのか:思いこみの心理学』朝日新聞社、1999年。]

安西祐一郎『問題解決の心理学:人間の時代への発想』中央公論社（中公新書）、1985年。

篠原彰一『学習心理学への招待:学習・記憶のしくみを探る』サイエンス社、1998年。

高橋昌一郎『反オカルト論』光文社（光文社新書）、2016年。

為什麼冰淇淋的營業額上升，游泳池的溺水事件
就會增加呢？

偽相關
Spurious Correlation

意 思	在看到兩個沒有直接關聯的事件時，忽略讓這兩個事件產生關聯性的第三方因素，直接定義前述的兩個事件之間具有因果關係。

關 聯	滑坡謬誤（→30頁）　一廂情願謬誤（→58頁）

冰淇淋與溺水意外

假設有資料指出「冰淇淋的營業額上升，游泳池的溺水意外就會增加」，此時該如何解釋這份資料？

是吃了冰淇淋就會溺水嗎？還是溺水被救的人會特別想吃冰淇淋呢？

這是認為兩個事件（①冰淇淋的營業額增加、②游泳池的溺水意外增加）之間，具有因果關係的解釋，不過，就算①與②同時發生，也不一定就代表兩者之間有因果關係。

找出潛在變數

在解釋上述的例子時，我們必須將注意力從這兩個擺在眼前的事

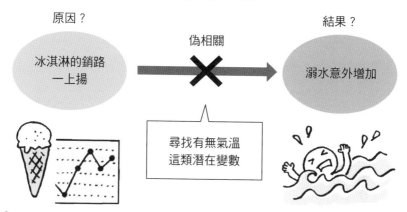

偽相關與潛在變數

件挪開，觀察其他的事件。會對①與②造成影響的潛在因素有很多，其中一例就是「氣溫」。氣溫一高，冰淇淋的銷路就會上揚，去游泳池的人也會變多，這也導致發生溺水意外的風險上升。

其實只要稍微思考一下，就不難明白事件之間的關聯性，但如果只將注意力放在冰淇淋的銷路以及溺水意外的次數，就會**誤為以這兩個事件直接相關**，而這種現象就稱為偽相關（Spurious Correlation）。

因此，我們在觀察某兩個事件的相關性時，**必須時時反問自己，有沒有像「氣溫」這種第三個變數存在**，而這種變數又稱為潛在變數（Lurking Variable，或是第三變數、混淆變數〔Confounding Variables〕）。

若忽略潛在變數……

以冰淇淋這個例子而言，應該不會有人笨得提出「禁止冰淇淋銷

售」這種意見。

不過，若是忽略潛在變數，有時會導出離譜的結論。

以下為大家列出幾個沒有直接相關，卻看似具有因果關係的事件。請大家思考一下，在這些例子之中，有哪些潛在變數。

①折扣是否能促進消費意願？某間店為了記念某項家電因為全新的功能得到全世界關注，祭出全店商品 9 折優惠的活動，導致其他家電的銷路上升，店家的利潤也比祭出優惠之前更高。

②喝牛奶會不會罹癌？牛奶消費大國的美國以及瑞士的癌症患者，比牛奶消費量相對較少的其他地區或國家多出數倍。

③蝨子有益健康？南太平洋某小島的觀察結果指出，蝨子會在健康的人身上寄生，卻很少在病患身上出現。

上述的②與③都是登記有案的實例（Huff, 1954）。據說②這種錯誤的結論還曾經登上醫學報導的版面。

這三個例子的潛在變數分別如下。

①的潛在變數：「時期」。企業的重點家電通常會在賣得好的時期（例如聖誕節前夕）推出，說不定其他家電會賣得好，只是剛好遇到消費者特別想消費的時期。

②的潛在變數：「壽命的長度」。例子中的美國與瑞士都是平均壽命較長的國家，癌症是好發於中年之後的疾病。

③的潛在變數：「體溫」。這座島的島民幾乎都有蝨子寄生，一旦體溫因為生病而變高，住得不舒服的蝨子就會自行離開。

與數字好好相處

我們常被數字耍得不知所措。

各式各樣的媒體、書籍、廣告都會以「統計顯示……」這種文案為號召，但我們必須注意這些統計是根據哪些資料算出，又是以什麼角度解釋統計結果，因為前述的內容已經告訴我們，即使是同一批資料，也有可能做出截然不同的結論。

找出潛在變數的技巧也能於應用在工作上？

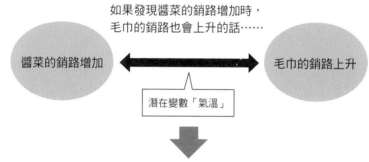

如此一來就能在氣象預報指出氣溫有可能上升的日子，確認醬菜或毛巾的庫存量，或是將這兩項商品擺在特別顯眼的位置，藉此拉高營業額。

參考文獻

Darrell Huff, How to Lie With Statistics, illustrated by Irving Geis, W. W. Norton & Company, 1954. [ダレル・ハフ(高木秀玄訳)『統計でウソをつく法:数式を使わない統計学入門』講談社(ブルーバックス)、1968年。]

Leonard Mlodinow, The Drunkard's Walk: How Randomness Rules Our Lives, Vintage Books, 2008. [レナード・ムロディナウ(田中三彦訳)『たまたま:日常に潜む「偶然」を科学する』ダイヤモンド社、2009年。]

安西祐一郎『問題解決の心理学:人間の時代への発想』中央公論社(中公新書)、1985年。

第 **III** 部

了解認知偏誤的
社會心理學

明明發誓減肥，卻還是忍不住不吃，
只是因為意志力薄弱嗎？
就算知道會對不起別人，卻還是不守規矩或約定，
是因為具有反社會人格嗎？
霸凌、歧視、戰爭為什麼永遠不會消失？
第III部要從科學的角度，
解說人類特有的不合理行動，以及由這些行動建構
的社會。

我們為什麼會非常在意那個一直見到的人。

01

單純曝光效果
Mere Exposure Effect

意 思	反覆接觸平凡無奇的事物（刺激），便開始對該刺激抱有好感的現象。

關 聯	閾下效果（→112頁）　吊橋效應（→116頁）

主題曲效果

請大家先回想一下小時候。

從小學放學回家之後，在吃晚餐之前看一小段卡通，應該是很多人共同的回憶。雖然這類卡通的主題曲常常會換，但很多人都覺得「之前的主題曲比較好聽」吧？

不過，隨著新的主題曲播了幾集之後，就越來越喜歡新的主題曲，這就是所謂的單純曝光效果（Mere Exposure）。

丈母娘看女婿，越看越有趣？

所謂的單純曝光效果是指最初接觸時，不覺得喜歡或不喜歡的刺激，但在不斷接觸相同的刺激之後，越來越喜歡該刺激的現象

（Zajonc, 1968）。除了音樂之外，文字、物品、人物以及其他種類的刺激都有相同的現象。

為什麼只是重複接觸相同的刺激就會越來越喜歡呢？

這理由可透過錯誤歸因（Misattribution）這種現象說明。所謂**的錯誤歸因，是指錯將引起事件的原因誤認為其他原因的現象。**

每個人在接觸新事物的時候，都必須不斷地從該事物汲取未知的資訊，所以會造成沉重的認知負擔。

比方說，你與某位新朋友認識時，必須一口氣記住對方的姓名、外表的特徵、職業、頭銜、居住地區，但第二次見面時，只需要記得對方的臉與姓名，要記住的事情相對變少。第三次見面時，若能記住對方的職業與頭銜，認知負擔就會減輕。

錯將這種認知負擔越來越輕，越來越能認出對方的舒適感，當成對對方的好感就是一種錯誤歸因的現象，一般認為，這也是單純曝光效果產生的原因之一。

產生單純曝光效果的範圍

曾有個實驗研究單純曝光效果與讓他人產生好感（人際吸引力）之間的相關性（Moreland and Beach, 1992）。

這項實驗拜託 4 位同樣性感的女性，以學生的身分出席某堂課，而這 4 位女性的出席次數分別從 1 次到 15 次不等。學期結束時，讓同一堂課的學生（男性 24 名、女性 20 名，總計 44 名）看這 4 位女性的照片，並請這些學生評估這 4 位女性的魅力，結果發現，在這些學生眼中，出席次數越多的女性越有魅力。

從這項實驗可以發現，單純曝光效果不只發生在聊過天的朋友身

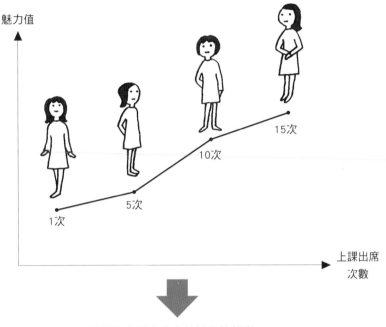

越見越有魅力？

同樣性感的4位女性的出席次數與魅力值的差異

接觸次數越多的女性魅力值越高。

上，**也會在沒有直接聊過天的人身上發生。**

　　接觸音樂或文字這類刺激也會發生相同的現象，不管是主動接觸，還是被動接觸這些刺激，單純曝光效果都會出現。

於現實生活應用單純曝光效果

　　最常應用單純曝光效果的日常生活場景就是跑業務。明明沒有什

麼事，卻故意跑到客戶那邊套交情，或是在郵筒放張自己的名片，這些都是透過單純曝光效果，提升自己在客戶心中地位的業務行為。

在超商或量販店播放自家公司的主題曲，或是在選舉的時候，不斷高呼候選人姓名，都是希望透過單純曝光效果搏取消費者或群眾的好感。

簡單來說，若希望讓別人對自己抱有好感，頻繁地接觸對方才是唯一正解。

不過有一點要注意，本節一開始就提到，單純曝光效果「會在重複接觸沒有好壞的刺激之下出現」。

假設第一印象是好的，的確會慢慢地產生單純曝光效果，比起那些無關緊要的人，對方的確會對你越來越有好感，但是，**第一印象若是很糟糕，那麼越是頻繁接觸對方，對方只會越討厭你，完全就是弄巧成拙**（Perlman and Oskamp, 1971）。

換言之，若希望利用頻繁的接觸，提升自己在對方心中的地位，就必須先讓對方不討厭你。

參考文獻

Robert Zajonc, "Attitudinal Effects of Mere Exposure," Journal of Personality and Social Psychology: 9, 1-27, 1968.

Richard Moreland and Scott Beach, "Exposure Effects in the Classroom: The Development of Affinity among Students," Journal of Experimental Social Psychology: 28, 255-276, 1992.

Daniel Perlman and Stuart Oskamp, "The Effects of Picture Content and Exposure Frequency on Evaluations of Negroes and Whites," Journal of Experimental Social Psychology: 7, 503-514, 1971.

二宮克美／子安增生（編）『キーワードコレクション:社会心理学』新曜社、2011年。

高橋昌一郎『愛の論理学』KADOKAWA(角川新書)、2018年。

覺得那個人的一切看起來很棒，是因為喜歡那個人？還是一種偏見？

02

同理差距
Empathy Gap

| 意思 | 一旦對某個人生氣或抱有好感，就很難不帶一絲情緒地看待那個人。 |

| 關聯 | |

戀愛是盲目的？

　　不知道大家是否有過「情人眼裡出西施」的經驗？比方說，你覺得某位男性很帥，所以就算他跳舞跳得很差，總是比其他人慢一拍，你也覺得這是他的魅力之一。

　　其實這個例子還真的發生過。幾年前曾有部知名的連續劇播出，劇中的演員會在片尾一起跳同樣的舞，但其中有一位演員總是慢了一拍，這件事在當時也成為話題。不過，那時候的觀眾覺得這樣的反差很可愛，也因此對這位演員更有好感，許多媒體也競相報導這件事。

　　某項研究指出，男性通常比女性更重視對方的外表（越智，2015），所以上述這件事情更容易在男性身上發生。明明雙方只是朋友時，什麼感覺也沒有，一旦發現自己喜歡對方，就覺得對方什麼都很美，這種事情其實不算少，所以才會有「戀愛是盲目」這種說法。

換言之，**一旦對某些事物抱持著某種情緒，就很難不帶一絲情緒地看待該事物**，而這種現象就稱為同理差距（Empathy Gap）。

減重很難成功的理由

同理差距曾以冷熱同理差距（Cold-Hot Empathy Gap）的名稱被提出（Sayette, et al., 2008）。所謂的冷（Cold）是指在面對某個人的時候，不挾雜半點情緒，時時保持冷靜的狀態，而熱（Hot）則是在面對對方時，變得很興奮的狀態。**處在 Cold 狀態的人很難想像 Hot 狀態是怎麼一回事，而處在 Hot 狀態的人，也很難想像 Cold 狀態是怎麼一回事**，所以這個現象才被命名為冷熱同理差距。

比方說，在肚子不怎麼餓的時候（Cold 的狀態）決定減重，也大聲宣布「今天開始不吃零食！」此時的你根本很難想像，肚子很餓的時候（Hot 的狀態），近在咫尺的巧克力會多麼美味（大部分的人都沒辦法戒口，只會告訴自己，減重是明天的事）。

這種現象不只在對象是自己的時候發生，也會在對象是別人的時

Cold 與 Hot 的不同之處是？

不管是Cold還是Hot的狀態，都很難想像另一端的情緒。

候發生。人很難想像狀態與自己相反的人會有哪些情緒與需求，也很難展現所謂的同理心（Wilson and Gilbert, 2003）。

同理心會被經驗影響

過去曾有多個實驗研究經驗會對同理心造成哪些影響（Nordgren, et al., 2011）。

最初的實驗將受測者分成三個群組，實驗人員會讓第一個群組的成員產生被排擠的感覺，並讓第二個群組的成員覺得大家接受了平等的待遇，第三個群組則是什麼實驗操作都沒有的對照組，藉此比較各組的受測者對於被監禁的受害人有多少同理心。

結果發現，覺得自己被排擠的第一組成員，比其他兩組的成員更希望被監禁的受害人快點釋放。之所以會有這個結果，應該是第一組成員在面對孤立於社會之外的這件事是 Hot 狀態，所以比較容易對受害人產生同理心。

另一項實驗則想知道除了當下的感覺之外，受測者若曾有類似的經驗，會不會比較容易對具有相同遭遇的人產生同理心。實驗人員將受測者分成三組，分別是「A：將手泡在冰水裡」、「B：將手泡在常溫的水裡」、「C：將手泡在冰水裡，10 分鐘之後，再進行其他課題」，之後讓受測者閱讀西伯利亞滯留者的故事，測量每個群組對於滯留者的同理心。

結果發現，只有一直把手泡在冰水裡的組別對西伯利亞滯留者產生同理心，而且也從 C 組對於滯留者沒有同理心這點發現，**即使曾有類似的經驗，也不一定就會展現同理心**。簡單來說，人往往是「好了傷疤忘了痛」。

當下的感受或情緒越是相近，就越容易產生同理心。

　　比方說，大部分的女性都覺得生小孩是件很痛苦的事，但不一定會對懷孕的人多一分體貼或關懷。歸根究柢，或許就是因為上述的現象所致。

　　很難對立場不同的人產生同理心的狀況也很常在日常生活出現，例如父母親與小孩，老公與老婆、患者與醫生，被霸凌的學生與老師，當立場或狀況不同，我們很難理解對方的處境不同這件事，所以雙方的認知才會出現落差。若想站在對方的立場，消弭認知落差，第一步可先試著扮演對方的角色。

參考文獻

Loran Nordgren, Mary-Hunter McDonnell and George Loewenstein. "What Constitutes Torture? Psychological Impediments to an Objective Evaluation of Enhanced Interrogation Tactics," Psychological Science: 22, 689-694, 2011.

Michael Sayette, George Loewenstein, Kasey Griffin and Jessica Black, "Exploring the Cold-to-Hot Empathy Gap in Smokers," Association for Psychological Science, 19, 926-932, 2008.

Timothy Wilson and Daniel Gilbert, "Affective Forecasting,"Advances in Experimental Social Psychology: 35, 345-411, Academic Press, 2003.

安西祐一郎／今井むつみ他 (編) 『岩波講座コミュニケーションの認知科学2:共感』岩波書店、2014年。

越智啓太『恋愛の科学』実務教育出版、2105年。

你之所以是你，或許與你個人的魅力無關，而是
受惠於父母親的光環吧。

03

月暈效應

Halo Effect

意 思	發現某個優點（或缺點），就覺得其他部分都是優點（或缺點）的現象。
關 聯	確認偏誤（→164頁）　巴納姆效應（→190頁） 刻板印象（→194頁）

人美心也美嗎？

　　走在街上時，與美麗的女性擦身而過，對方的儀容非常整齊，正在與另一位女性沉穩地聊著天。

　　雖然你不認識這位女性，但如果要你想像這位女性的話，你會想到什麼呢？

　　看起來很溫柔？工作很能幹？應該會想到一些「優點」嗎？相反地，大部分的人應該比較不會覺得這位女性的個性很差，或是其他「缺點」。

　　人類無法正確掌握這世上的一切，所以遇到不懂的事物時，通常只能**推測**。所謂的推測，就是「根據資訊或知識評估某個事物」的意思。換言之，你也是先從這位女性的外表得到一些特徵，再利用這些特徵「推測」這位女性的內在。

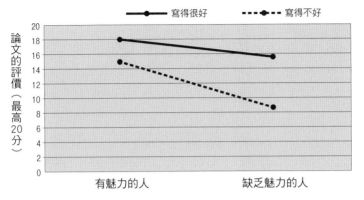

圖 1　外貌的魅力對論文評價的影響

編輯部根據『美人の正体』（越智啓太、実務教育出版、2013）的圖表繪製而成。

　　這時候，我們很容易往支持「最初取得的資訊」方向思考。若以前例來看，就是根據「美麗」、「儀容整齊」「沉穩」這些資訊，往美好的方向想像。

　　也就是說，假設第一印象是好的，我們就會覺得對方其他的部分都很優秀。

　　因為美麗或帥氣的外表，導致其他部分的評價連帶變好的現象有很多，其中之一就是**美女寫的小論文比一般人寫的小論文更能獲得好評**的實驗結果（圖 1）（Landy and Sigall, 1974）。

　　只要有一個特別搶眼的特徵，其他部分的評價也會變好的現象稱為**月暈效應（Halo Effect）**（Thorndike, 1920）。月暈的英文是「Halo」。

受惠於父母親光環的理由

　　為什麼會有所謂的父母親光環呢？在此要請大家思考一個問題。

假設有朋友和你說「聽說有個占卜師很準」，此時你會不會想問「有多準啊？」

我想說的是，應該**很少人會在這時候問：「那有幾成不準。」**當我們聽到「聽說很準」時，通常會不自覺地尋找足以佐證「很準」的證據。

這就是所謂的**確認偏誤**（Confirmation Bias）。

其實在開頭那位在外表與其他部分有很多「優點」的女性例子裡，也出現了確認偏誤的現象，所以我們才會不自覺地尋找佐證這些優點的證據，也忽略那些否定優點的資訊。

常有人以「父母親的光環」，揶揄那些因為父母親有名就被奉承的小孩，但其實這一切只是源自虎父就該無犬子的偏見而已。

如果第一印象很糟的話

前面提到，我們總是會往已知資訊或知識的方向思考，因此，假設我們是負責決策的人，就必須提醒自己，必須找一些相反的例子，減少思考上的偏頗。

不過，當我們是被別人評估的一方時，第一印象就非常重要，要是在這時候給人不好的印象，事後就得多花好幾倍力氣挽回。

所幸，有種方法能快速挽回形象。

那就是利用「壞人做好事，比好人做好事更能得到讚美」的現象。

這種現象稱為**得失效果**（Gain-loss Effect）（Aronson and Linder, 1965），意思是，**情緒的變化幅度越大，印象就越強烈。**

換言之，將糟糕的印象扭轉成美好的印象，就能得到更顯著的效果。

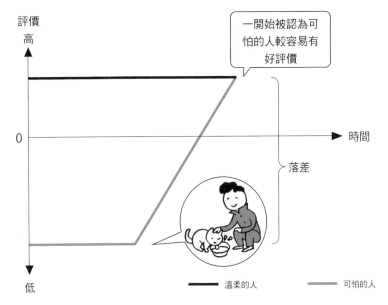

能讓印象大幅改變，創造反差萌的得失效果

評價 高

一開始被認為可怕的人較容易有好評價

0

時間

落差

低

—— 溫柔的人　　　—— 可怕的人

　　因此，若是對方對你的印象不好，可多做一些正面的行為，就能將印象從負面扭轉成正面。

參考文獻

Elliot Aronson and Darwyn Linder,"Gain and Loss of Esteem as Determinants of Interpersonal Attractiveness,"Journal of Experimental Social Psychology: 1, 156-171, 1965.

David Landy and Harold Sigall,"Beauty is Talent : Task Evaluation as a Function of the Performer's Physical Attractiveness,"Journal of Personality and Social Psychology, 29, 299-304, 1974.

Phil Rosenzweig, The halo effect, Simon and Schuster, 2007. [フィル・ローゼンツワイグ(桃井緑美子訳)『なぜビジネス書は間違うのか:ハロー効果という妄想』日経BP社、2008年。]

Edward Thorndike, "A Constant Error in Psychological Ratings," Journal of Applied Psychology: 4(1), 25-29, 1920.

除了你之外，這個占卜結果或許也適用於大多數
的人。

巴納姆效應

Barnum Effect

意　思	看到能套用在大多數人身上的性格診斷之後，以為這些診斷內容完全就是在說自己的現象。

關　聯	月暈效應（→186頁）　刻板印象（→194頁）

▌為什麼占卜會靈驗？

A 是一位個性豁達，喜歡照顧別人的人。

某天他看到與自己有關的性格診斷時，發現裡頭提到「有點神經質，能隨時察覺別人的錯誤」。

當你讀到這個性格診斷時，你應該會覺得這個性格診斷「根本不符合 A 的個性」吧？不過，當這個性格診斷與自己有關的時候，大部分的人都會覺得「很準」。

在說明為什麼之前，要先為大家介紹一個利用占星術診斷個性的研究。

既是心理學家、統計學者，又是占星術專家的法國人高格林（Michel Gauquelin），曾在報紙刊登免費占星術性格診斷的廣告

（Eysenck and Nias, 1982）。 他將同一份性格診斷結果寄給所有申請性格診斷的人，而這份性格診斷結果，是根據某位窮凶極惡罪犯的出生年月日進行的占星術性格診斷而來。之後高格林請申請性格診斷的人回答診斷結果是否準確，結果在 **150 名申請者之中，有 94% 的人覺得很準確**。從這項實驗可以知道，每個人只要聽到「這是你的性格診斷結果」，都會覺得很準，也會傾向接受這個結果。

有時候會把話吞回肚子裡

好準！

假設這個實驗結果成立，那麼不管 A 看到什麼內容，都會覺得很準才對。

為什麼會發生這種現象呢？

答案就是「每個人都擁有不同面向的個性」。

比方說，A 平常是個很開朗的人，但有可能對興趣很執著，所以在不同的情況下，每個人都會展現不同的面向。「能隨時察覺別人的錯誤」並非負面的意思，有可能是因為他很愛照顧別人，很想幫助別人，才能隨時察覺別人的錯誤。

就算覺得自己是個豁達的人，一聽到別人說「也有神經質的一面」，便會試著回想自己變得神經兮兮的某個瞬間。在任何情況下都能處之泰然的人，其實少之又少。

所以幾乎每個人都能找到自己神經質的那一面，所以當然會覺得性格診斷「很準」。

研究巴納姆效應所使用的「任誰都會覺得很準的文章」

> ● 你想被別人喜歡，想被別人讚美。
> ● 你常批判自己。
> ● 你還有未開發的潛能。
> ● 你的性格雖然有缺陷，卻通常能夠補強。
> ● 目前的你有性適應方面的困擾。
> ● 你表面上看起來很自律，很懂得管理自己，但內心常常不安，動不動就會擔心很多事情。
> ● 有時候你會很煩惱自己的決定或行動是否正確。
> ● 你喜歡某種程度的變化與多元性，討厭被限制。
> ● 你喜歡思考，知道自己不會接受別人那些證據不充足的發言。
> ● 你覺得自己太過坦率這件事不夠聰明。
> ● 你有時很外向，很懂得交際，有時卻很內向，會想東想西。
> ● 你的願望之中，大多數都天馬行空。
> ● 你的生活目標之一就是安全。

節錄自『不思議現象：なぜ信じるのか こころの科学入門』（菊池聡・谷口高士・宮元博章編著、北大路書房、1995）

何謂巴納姆效應

一如高格林的實驗告訴我們的，**看到模稜兩可的性格診斷時，大部分的人都會信以為真**，而這種現象被命名為巴納姆效應（Barnum Effect）（Meehl, 1956）。

「巴納姆」是一位娛樂大眾的馬戲團團長，而上述的傾向與馬戲團都有**「誰都會接受」的共通之處**，所以這種現象才會以此命名。

讀到這裡，想必已經有讀者發現了。

那就是占卜準不準，全憑被占卜的那方如何解釋。**大部分的人在**

聽到「你就是這樣的人」之後，都會試著找出自己符合這句話的那一面。

如何不被占卜矇騙

　　一如前述，每個人都會收集有利自己的資料，或是做出有利自己的解釋。如果是為了提升自我肯定感，這麼做當然有用，但有時卻會害自己陷入自我良好的感覺（以為自己是個很厲害的人）。要是一開始覺得自己辦得到，最後卻落得失敗下場的話，反而會更否定自己。

　　要避免那些沒有科學根據的事情對人格造成不良影響，就要「充實自己的知識」。

　　換言之，就是要知道有所謂的巴納姆效應，也要知道每個人都很容易出現巴納姆效應。只要記得這兩件事，就能避免莫名其妙地否定自己。

　　此外，確認自己有沒有忽略了哪些事情，以及反問自己，如果占卜的結果相反，會不會覺得很準。思考反面的例子，有助於正確掌握事物。

　　雖然凡事都有共通之處，卻不能就此全盤接受別人的說法，也要記得主動進行查證。

參考文獻

Hans Eysenck and David Nias, Astrology: Science or Superstition?　Temple Smith, 1982.
　　〔H.J.アイゼンク／D.K.B.ナイアス（岩脇三良・浅川潔司共訳）『占星術:科学か迷信か』誠信書房、1986年。〕
Paul Meehl,"Wanted—A Good Cookbook," American Psychologist: 11, 263-272, 1956.
高橋昌一郎『反オカルト論』光文社（光文社新書）、2016年。

從壓倒性少數的AB型的人所遭遇的差別待遇，
得知的偏見與不自覺的歧視。

05

刻板印象

Stereotype

意 思	在性別、出生地、職業或是特定的團體與項目冠上同一種特徵，忽略團體之中的個人差異。

關 聯	月暈效應（→186頁）　巴納姆效應（→190頁）

關於血型性格解析

所謂的血型性格解析就是依照 A、B、O、AB 這四大血型分類性格或行為的分類方式。

最常聽到的血型特徵如下。A 型很細心、很認真，B 型很開朗、我行我素，O 型很豁達、很大而化之，AB 則是奇怪的雙面人（詫摩‧佐藤，1994）。有時也會聽到「因為那個人是○型，所以才會這樣」的說法，但這種分類真的正確嗎？

心理學有刻板印象（Stereotpye）這個名詞，指的是**在性別、出生地、職業以及其他「可分成多個族群」的項目冠上同一種特徵，忽略該族群之中，每位成員的個人特質與差異的意思。**若是將某些不好的特徵冠在特定族群的頭上，就非常容易發生偏見、歧視或類似的問題。

刻板印象對我們的認知造成的影響

下面為大家介紹一個測量刻板印象對認知造成多大影響的實驗。

實驗人員告訴半數的受測者，某位女性的職業是「圖書館人員」，並對另一半的受測者說，這位女性的職業是「女服務生」，然後讓所有受測者觀賞這位女性在家裡和丈夫吃飯的畫面。

在畫面之中，屬於「圖書館人員」以及「女服務生」刻板印象的特徵各有 9 個，屬於「圖書館人員」的特徵包含「女性的眼鏡」、「書櫃上有很多書」，都會讓人聯想到「圖書館人員」的「認真」、「愛讀書」這類印象；屬於「女服務生」的特徵則包含「吃漢堡」、「愛聽流行音樂」，這些特徵都能讓人聯想到女服務生「開朗」、「活潑」的印象。在受測者看完影片後，問受測者記得哪些內容，結果發現，這兩個群組的受測者都會回答與最初得知的職業有關的特徵（Cohen, 1981）。

換句話說，**我們會隨著事先得知的資訊改變注意的對象**，所以記憶會變得偏頗，而這些偏頗的記憶會強化刻板印象。

她的職業是圖書館人員還是女服務生？

讓受測者觀賞伴侶慶祝生日的畫面之後，事先得知女性的職業為「圖書館人員」的群組，以及知道女性的職業為「女服務生」的群組，都比較記得符合該職業印象的資訊（與刻板印象一致的資訊）。

血液性格解析與刻板印象

　　根據目前的研究指出，與其掌握每位群組成員的差異，不如先掌握成員的共通部分，再了解每個人的差異，才是比較有效率的做法（Hamiton, 2017）。不過，要找出群組成員的共同特徵不是太容易。

　　根據日本紅十字會的說法，日本各血型的比例為 A：O：B：AB ＝ 4：3：2：1，每 10 人有 4 人是 A 型，3 人是 O 型，2 人是 B 型，AB 型則是 1 人。

　　請大家回想一下，壓倒性少數的 AB 型是不是常被形容成「特立獨行的人」，這是因為多數的人會將「與自己不同」看成「特立獨行的人」，這也是為什麼血型性格解析能塑造刻板印象的理由。

　　雖然已經花了這麼多篇幅介紹，但其實透過血液解析性格的說

各血型給人的印象

回答	A型	O型	B型	AB型	合計
一絲不苟	111	0	0	0	111
神經質	77	1	1	3	80
認真	54	0	0	3	57
豁達	0	90	1	0	91
大而化之	0	25	4	0	29
處之泰然	0	16	1	0	17
開朗	4	16	38	1	59
我行我素	0	8	33	1	42
個性鮮明	0	2	23	6	31
隨性而為	0	0	17	0	17
任性	0	2	12	1	15
以自我為主	1	3	11	0	15
樂觀	0	8	10	0	18
有趣	0	2	10	1	13
雙重人格	0	1	0	77	78
具有正反兩面的個性	0	2	18	64	84
怪人	0	0	1	13	14
不知道	0	0	0	12	12

從受訪者（N＝197）的回答之中，篩選出頻選率較高（10 次以上）的答案之後，整理成上述的表格。引用：佐藤達哉『ブラッドタイプ・ハラスメント：あるいは AB の悲劇』詫摩武俊／佐藤達哉編　現代のエスプリ 324「血液型と性格」至文堂、1994 年。

法缺乏科學根據，多數的科學家都不認同這種分類方式（上村・SATOU，2006）。

刻板印象、歧視、偏見

另一點想請大家了解的是，「少數的人很突兀，突兀的人很容易被擺在一起相提並論」（Hamilton and Gifford, 1976）。

2010 年美國的人口普查指出，白人與黑人的比例為 72.4%：12.6%，黑人的比例偏低。此外，2018 年的每 10 萬人犯罪率為 4.96%，犯罪的人口比例並不高。不過，當少數特別顯眼的人被放在一起討論，有時就很容易被放大報導，所以才會產生「黑人就是會犯罪」這種刻板印象。

這種刻板印象很容易與各種歧視或偏見畫上等號，只有擁有知識，才能減少這種現象。

此外，若要進一步檢驗上述的犯罪率，就應該算出黑人的犯罪率，再與白人的犯罪率比較，如此一來，發言才能毫無偏頗且有憑有據。

參考文獻

Claudia Cohen,"Person Categories and Social Perception: Testing Some Boundaries of the Processing Effects of Prior Knowledge,"Journal of Personality and social Psychology: 40, 441-452, 1981.

David Hamilton, Cognitive Processes in Stereotyping and Intergroup Behavior, Psychology Press, 2017.

David Hamilton and Robert Gifford, "Illusory Correlation in Interpersonal Perception: A Cognitive Basis of Stereotypic Judgements," Journal of Experimental Social Psychology: 12, 392-407, 1976.

上村晃弘／サトウタツヤ『疑似性格理論としての血液型性格関連説の多様性』パーソナリティ研究: 15 (1)、pp.33−47、2006年。

日本赤十字社　東京都赤十字血液センター、8月号　『ABO式血液型』〈https://www.bs.jrc.or.jp/ ktks/tokyo/special/m6_02_01_01_01_detail1.html〉2020/09/06參照。

做好事就能抵銷做過的壞事嗎？

06

道德許可證效應
Moral Credential Effect

意思	只要是對社會有貢獻的人，就算做一點不合常理的事，社會大眾也覺得可原諒的現象。

關聯	確認偏誤（→164頁）　巴納姆效應（→190頁） 刻板印象（→194頁）

為什麼那麼了不起的人會那樣？

　　發生重大事件的時候，偶爾會採訪熟識嫌犯的人物，不知道大家是否聽過被採訪的人說出「沒想到那麼了不起的人會做出這種事」，或是「明明他是熱心公益的人」這種評論呢？

　　不管是熱心公益的人、對社會有貢獻的企業家，還是常參與社會運動的知名人士都有可能犯罪，道德也很可能有瑕疵，這些人之所以會如此膽大妄為，全因「他們有種自我良好的偏見」。

　　這種偏見讓他們以為自己手上拿著免罪符。換言之，他們覺得自己很了不起，覺得自己對社會很有貢獻，所以不自覺地認為「我已經做了那麼多好事，道德有點瑕疵也可以被原諒吧」。這種現象就稱為道德許可證效應（Moral Credential Effect）（Monin and Miller, 2001）。

道德許可證效應

・社會地位較高的工作
・對社會有貢獻
・受人尊敬

＝ 免罪符

這點小錯應該
會被原諒吧……

這些人將自己的社會貢獻視為免罪符，所以有時會逾越社會規範

自古以來，這種錯覺常於社會各個角落出現。

比方說，在過去從事「聖職」的人就算做了一些不合理的行為，也會被視為是對教徒的一種指導，不會有任何人指責也們，擁有權力的人也很常被優待。

「為什麼那麼了不起的人會做那種事？」人們之所以會在發生事件的時候這麼說，全是因為大部分的人誤以為做了好事就能抵銷那些惡行。

對社會的貢獻調降了從事不當行為的門檻？

近年已知的是，<u>越是從事對社會有貢獻的工作，這些人就越容易犯下不當的行為</u>（List and Momeni, 2017）。換言之，他們覺得自己

李斯特的實驗告訴我們的社會貢獻與不當行為的門檻

	知道部分報酬 會捐出的群組	不知道部分報酬 會捐出的群組
作業的完成度	低	高

覺得自己對社會有貢獻的想法
會讓受測者在作業上怠惰？

對社會有貢獻，所以特別容易在工作上不檢點。

　　李斯特與他的研究夥伴曾讓非德語圈的受測者，抄寫印刷不太清楚的德語短篇文章，能完整抄寫的受測者可得到全額的報酬之餘，如果遇到模糊得難以抄寫的文字則可以跳過，但報酬不會被扣掉任何一塊錢。

　　結果發現，**事先知道 5% 的報酬會捐給國際慈善團體的群組比不知道會捐款的群組，更常跳過可以辨識的文字**，另外也發現，儘管已經預付了部分報酬，沒做完就放棄的受測者也很多。

　　此外，不論部分報酬是否捐出，在排除作為基準的條件之後，每位受測者可拿到的報酬都是一樣的。

於日常生活之中出現的道德許可證效應

　　道德許可證效應源自覺得自己比別人優秀這種自我良好的感覺。

　　比方說，不管是男是女，只要是撐起家中經濟的一家之主，都會

誤以為自己有特權，在家裡橫行霸道也可以被原諒，有些人也覺得占弱勢的人便宜是理所當然的事。有些男性覺得男人比女人優秀，所以覺得自己的待遇理所當然要比女性來得好，至於那些覺得自己應該被呵護的女性則通常無法忍受與男性平等的對待。

說到底，這一切都是**優越感在作祟**而已。

謙 虛 是 最 佳 對 策

一如前述，道德許可證效應不只會在特殊的人身上發生，**也會在一般人與日常生活之中發生。**

這種效應會讓人誤以為只要常擔任義工，或是對社會做出貢獻，偶爾違規停車也沒關係，或是在不相關的領域做一些不當的行為也會被原諒。

當腦海掠過犯罪、傷害別人或是其他有違道德的行為時，一定要告誡自己「別以為這點小事會被原諒」，也要懂得約束自己的行為。

此外，身邊若有人願意指出你的錯誤，懂不懂得感謝對方，將會讓你的人生完全不同。

參考文獻

Benoît Monin and Dale Miller, "Moral Credentials and the Expression of Prejudice," Journal of Personality and Social Psychology: 81(1), 33-43, 2001.

John List and Fatemeh Momeni, "When Corporate Social Responsibility Backfires: Theory and Evidence from a Natural Field Experiment," National Bureau of Economic Research, No. 24169, 2017.

有光興記／藤澤文（編著）『モラルの心理学:理論・研究・道德教育の實踐』北大路書房、2015年。

高橋昌一郎『反オカルト論』光文社（光文社新書）、2016年。

別人會失敗是因為他不夠厲害，那自己的失敗又是為什麼？

07

基本歸因謬誤
Fundamental Attribution Error

意 思	在解釋別人採取行動的原因時，過度重視當事人的能力或性格，忽略對方的狀況或環境的現象。

關 聯	內團體偏見（→206頁）　終極歸因謬誤（→210頁）

會跌倒是被什麼害的？

聽到在不久前的一個月才因為跌倒而骨折的朋友，這週又跌倒與骨折的話，你會有什麼想法？

應該會覺得這位朋友很冒失或是太不小心吧，大部分的人都不會覺得是那個地點的地板很滑，或是地形高低落差太大，不會想到這位朋友身處的狀況或環境。

每個人在推測別人採取行動的原因時，通常會高估能力、性格以及其他內在因素，並將這些因素歸類為行動的原因。

同一時間，也會過於低估狀況、環境或其他外在因素（Myers,1987），而這種傾向就稱為基本歸因謬誤（Fundamental Attribution Error）（Ross, 1977）。

被指示的行動與個人意見

邏輯學謬誤

認知科學謬誤

社會心理學謬誤

即使知道外在因素的影響非常明顯，還是有可能會發生基本歸因謬誤。

美國曾做過下列的實驗。

實驗開始之前，實驗人員先請主修政治學的學生們寫了兩種文章，一種是支持某位政治家，一種則是批判該政治家，之後讓受測者只閱讀其中之一的文章。在閱讀之前會告訴受測者，這些文章是在老師的指導下寫成的，並非學生個人的想法。

等到受測者讀完文章之後，實驗人員要求受測者推測，這位學生對這位政治家的看法。

結果發現，受測者認為撰寫支持文章的學生支持該名政治家，也認為撰寫反對文章的學生反對該名政治家（Jones and Harris, 1967）。

換言之，就算知道這些文章是在老師的指導之下寫成，也就是有第三者介入的情況下，**受測者還是會誤會那些文章反映了學生的內心想法。**

比方說，將演員與該演員扮演的角色混為一談的現象其實很常發生。當演員扮演的是個性溫和又親切的角色時，觀眾通常會覺得這位演員私底下也是這樣的人。如果扮演的是好人，就會給人好的印象，這也算是額外的福

將演員與其扮演的角色混為一談

這個演員真的很討人厭耶！

利，但問題是，同樣的情況會在扮演壞人的時候發生。演得越像壞人，給人的印象就越糟，所以還真是令人困擾啊。

同樣地，看到別人生病時，通常會覺得是對方不懂得照顧自己，或是基於其他內在因素才生病，會覺得患者自做自受，所以補助制度才因此遲遲未能修訂，這種現象也常在當事人之外的人負責檢討制度之際發生。

基本歸因謬誤產生的理由

所謂的基本歸因謬誤，是指將某個人的行為歸咎於內在因素的現象，但目前已知的是，在檢討這些行為的過程中，很容易將「別人」的行為歸咎於內在因素，也很容易將「自己」的行為歸咎於外在因素。而這就稱為**行動者－觀察者偏誤**（Actor-Observer Bias）（Jones and Nisbett, 1972）。

比方說，若是別人將陌生人誤認為朋友，我們通常會覺得「對方實在太不小心」，但如果是自己犯了相同的錯，有可能會辯稱：「是因為對方長得太像那個朋友。」

之所以會出現這種差異，在於每個人手上的資訊不同，注意的事情也不同，行動者通常比觀察者擁有更多資訊。以剛剛認錯人的例子而言，行動者知道許多觀察者不知道的資訊，比方說，行動者有可能知道朋友會來，或許也知道朋友有相同的衣服，而這種資訊上的落差，也讓行動者與觀察者在尋找行為的原因時出現落差。

有意見指出，**我們為了減輕認知負擔，通常會將簡單易懂的因素當成原因，也比較不會將注意力放在與狀況有關的因素。**

上述的內容告訴我們，我們在面對別人的事情時，通常會將注意

行動者—觀察者偏誤的傾向

為了躲開路上的垃圾才滑倒的！
（外在因素）

都是因為不夠小心啦！
（內在因素）

當事者自己的事會歸咎於外在因素，
別人的事會歸咎於內在因素。

力放在內在因素，所以基本歸因謬誤也比較容易發生。

　　一般認為，造成錯誤歸因（Misattribution）的機制與多種謬誤有關。

　　所以，不是注意到一種謬誤，就能預防基本歸因謬誤發生。為了避免陷入「自己一定是對的」這種想法上的盲點，就必須知道每個人都會不自覺地踩進名為錯誤歸因的陷阱。覺得自己一定不會有偏見，才是最可怕的自以為是。

參考文獻

Edward Jones and Victor Harris, "The Attribution of Attitudes," Journal of Experimental Social Psychology: 3, 2-24, 1967.

Edward Jones and Richard Nisbett, The Actor and the Observer: Divergent Perceptions of the Causes of Attribution: Perceiving the Causes of Behavior, General Learning Press, 1972.

David Myers, Social Psychology, McGraw-Hill, 1987.

Lee Ross, The Intuitive Psychologist and Its Shortcomings: Distortions in the Attribution Process, Advances in experimental social psychology, edited by Leonard Berkowitz, Academic Press, 174-221, 1977.

吉田寿夫『人についての思い込み　I』北大路書房、2002年。

為什麼會有「我家小孩最可愛」這種感覺呢？

08

內團體偏見
Ingroup Bias

意 思	特別喜歡或高估隸屬的團體（內團體）以及該團體的成員。

關 聯	基本歸因謬誤（→202頁）　終極歸因謬誤（→210頁）

▍我家小孩最棒？

　　不管是小孩還是寵物，每一種分類都有很多個個體，有些看起來五官端正，有些很親人，有些很聰明，總之就是擁有很多美好的特徵，所以就算腦袋明白自家小孩或寵物不是最棒的那一個，許多人還是會有「我家小孩最棒」的錯覺。

　　在工作受了委屈的日子回到家，打開門，看到自己的小孩邊喊著「歡迎回家」，邊笑嘻嘻地跑過來，當然會覺得很幸福，也會覺得再沒有別的小孩能像自己的小孩這麼可愛了。

　　我不想潑冷水，但如果我說，這其實也和偏見有關時，大家會不會覺得很驚訝？

　　每個人都有支持自己所屬團體（內團體）或內團體成員，更勝於外團體與外團體成員的傾向（Tajfel et al., 1971），這種現象就稱為內

團體偏見（Ingroup Bias）。

　　即使隸屬同一個「團體」，也有關係強弱之分，比方說，家庭或職場的成員之間就有很強的歸屬感，有些團體的成員卻是初次見面或連名字都不知道的陌生人。

內團體偏見示意圖

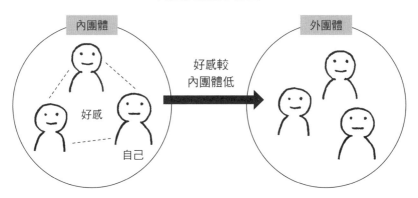

　　在這些團體之中，相關性最為簡單的團體稱為**最小團體**（Minimal Group）。心理學家泰菲爾（Henri Tajfel）在實驗室內組成了最小團體，又利用**最小團體典範**（Minimal-Group Paradigm）這種手法進行實驗。結果發現，就算內團體與外團體之間，或是內團體之內沒有利害關係，只是剛好隸屬同一個團體時，也一樣會特別偏愛內團體。

　　參加實驗的受測者以 8 人為一組推測螢幕上的黑點個數，接著將其分成兩個團體，分別是估算比實際多的團體，以及估算比實際少的團體。這個課題，只是為了區分團體而設定。

　　之後讓內團體與外團體成員兩兩一組，再要求他們討論該如何分配報酬（表 1）。結果發現，明明這些成員一開始的感情沒多好，也

表 1　報酬分配表

	內團體偏好 ◄──────► 外團體偏好													
內團體成員	14	13	12	11	10	9	8	7	6	5	4	3	2	1
外團體成員	1	2	3	4	5	6	7	8	9	10	11	12	13	14

只是剛好被分成同一個團體，大部分的人都選擇內團體成員可以多拿到一些報酬的分配方法。

內團體偏好與歧視

比方說，在奧運的時候，大部分的人都會支持自己國家的選手，此時只能說是一種對內團體成員的支持，不算是一種歧視。

不過，因為過於偏袒內團體成員，扯外團體的後腿，甚至是攻擊外團體，就很有可能演變成歧視這類事件。比方說，為了消除國內各團體之間的歧視，而將特定的國家或國民塑造成共同敵人，再加以抨擊就是其中一例。

同樣地，為了聲援自己喜歡的事物，而貶低自己不喜歡的事物，也是很多人都會犯的錯。

要注意的是，批判其他的事物，不會讓自己喜歡的事物變得更有價值，周遭的人反而會討厭這種人喜歡的東西。

如何化解團體之間的歧視

有項研究提出了解決團體對立問題的方法（Sherif, et al., 1988）。這項研究將小孩分成兩個群組，並且讓他們分開來活動，提升他們在

群組之內的向心力。之後，讓這兩個群組進行體育競賽，強化彼此對立的感覺之後，再規劃改善這種對立的方案。

結果發現，讓所有小孩一起看電影或是吃東西，無法有效緩和對立的感覺，所以實驗人員讓這兩個群組一起面對必須合力解決的問題，此時對外團體產生好感的小孩比例也大

如果外星人攻打地球，國際之間的紛爭就會因為內團體偏見而化解？

幅增加。由此可知，**要消除團體之間的歧視，讓彼此對立的團體面對必須合作才能解決的問題是最有效的方法。**

比方說，故事不是常有原本彼此仇視的敵人，剛好在同一個場所遇到必須合力突破難關的情節，這就是化敵為友的最佳範例。

就算是遇到乍看之下難以解決的危機，只要與競爭對手一起化解危機，就有機會得到最佳夥伴。

參考文獻

Henri Tajfel, Michael Billig, Roert Bundy and Claude Flament, Social Categorization and Intergroup Behavior, European journal of Social Psychology: 1, 149-178, 1971.
Muzafer Sherif, O.J.Harvey , Jack White, William Hood and Carolyn Sherif, The Robbers Cave Experiment: Intergroup Conflict and Cooperation, Wesleyan University Press, 1988.
安藤香織／杉浦淳吉(編著)『暮らしの中の社会心理学』ナカニシヤ出版、2012年。
亀田達也／村田光二『複雑さに挑む社会心理学:適応エージェントとしての人間』有斐閣(有斐閣アルマ)、2000年。
高橋昌一郎『感性の限界』講談社(講談社現代新書)、2012年。

對外人嚴格，對自己人放水，這種偏愛或許會妨礙自己與身邊的人成長。

09

終 極 歸 因 謬 誤
Ultimate Attribution Error

| 意 思 | 將外團體或外團體成員的成功歸因於狀況（外在因素），並將他們的失敗歸咎於才能與努力（內在因素）。另一方面，將內團體或內團體成員的成功歸因於才能與努力，並將他們的失敗歸咎於外在的狀況。 |

| 關 聯 | 基本歸因謬誤（→202頁）　內團體偏見（→206頁） |

自 己 的 隊 伍 比 較 強 ?

假設你為了打發時間參加了一個足球隊。

當隊員得分時，你應該會覺得「都是因為他平常很努力」或是「他很會踢足球」吧。反之，如果在不小心失分時，覺得「今天地面比較滑」或是「風太強」的話，代表你已經陷入所謂的終極歸因謬誤（Ultimate Attribution Error）。

一旦陷入終極歸因謬誤，就會在敵隊射門得分時，覺得「都是順風的關係」或是「走了狗屎運」，而當敵隊處於劣勢時，就會覺得是「對方的練習不足」或是「不會踢足球」。

換言之，**就是將內團體或內團體成員的成功歸因於努力或能力，並將他們的失敗歸因於運氣或是環境不佳，同時將外團體或外團體成**

員的成功歸因於運氣與環境，以及將他們的失敗歸因於努力或能力不足（Pettigrew, 1979）。

「個人」與「團體」

社會認同理論（Social Identity Theory）告訴我們，自我認知是由隸屬的團體所形塑的（Taifel and Turner, 1979）。

根據這項理論的說法，每個人都是透過「我比○○跑得更快」這種個人之間的比較強化自尊心，而且「我念的大學足球隊是縣內最強的隊伍」這種比較內團體與外團體的方式，也能創造相同的效果。

意思是，**將內團體的成功當成自己的成功，藉此強化自尊心或是得到幸福**。越覺得自己是內團體的一分子，上述的效果也越明顯。

此外，我們也會覺得自己與內團體的「每位成員」同在，把這些成員看成是自己人。

在多位成員組成的偶像團體之中，會將支持的成員稱為自己的「真命天子（天女）」，而「終極歸因謬誤」則是以愛屋及烏的心態，支持整個偶像團體的狀態。

終極歸因謬誤的傾向

	成功時	失敗時
對象是內團體時	全拜努力與能力之賜	都是運氣與環境的問題
對象是外團體時	全拜運氣與環境之賜	都是努力與能力不足的問題

該如何看待日本與韓國在世界盃足球賽的成績？

曾有項研究針對日本大學生調查，他們對 2002 年的 FIFA 世界盃足球賽的感覺（村田，2003）。

2002 年的世界盃足球賽是由日本與韓國一起主辦，日本國家代表隊踢進了前 16 強，韓國國家代表隊則踢進了前 4 強。這項研究向日本大學生提出了「為什麼會出現這種成績」的問題。

結果發現，當受訪者覺得兩國的成績都很理想時，通常會覺得屬於內團體的日本是因為「平常很努力」才有這麼好的成績，換言之，將一切歸因於內在因素。

相反地，這些日本大學生認為屬於外團體的韓國是因為「運氣或

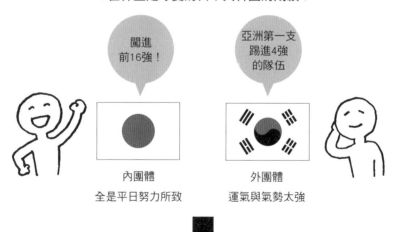

日本大學生如何看待 2002 年
FIFA 世界盃足球賽的日本與韓國的成績？

闖進
前16強！

亞洲第一支
踢進4強
的隊伍

內團體
全是平日努力所致

外團體
運氣與氣勢太強

這就是典型的終極歸因謬誤

氣勢占絕大部分」才能有這麼好的成績，也就是將一切歸因於外在因素。由此可知，日本大學生之所以會如此評論，全是因為發生了「終極歸因謬誤」。

與終極歸因謬誤有關的陷阱

終極歸因謬誤的問題，在於我們會對內團體與外團體產生錯誤的認知，因為發生終極歸因謬誤之後，我們便**無法正確評估內團體與外團體的力量。**

若是覺得內團體的成功或勝利，與運氣、環境或其他外在因素無關，就會高估自己的能力，也會在無法將外在因素化為助力的情況下，而得不到理想的結果，如此一來，就有可能損及自尊心或自我效能。

反之，若總是認為外團體的成功與他們的努力或能力無關，就會小看對手，甚至認為歧視對手是理所當然的事。

此外，**有可能不會反省自己這些完全不合理的想法，也不會懂得見賢思齊，努力追上對手。**

為了預防這種事情發生，可試著進行批判性思考（Critical Thinking）這種「邏輯思考的訓練」。

參考文獻

Thomas Pettigrew, "The Ultimate Attribution Error: Extending Allport's Cognitive Analysis of Prejudice," Personality and Social Psychology Bulletin: 5, 461-476, 1979.

Henri Tajfel and John Turner, An Integrative Theory of Intergroup Conflict, The Social psychology of intergroup relations, edited by William Austin and Stephen Worchel, Brooks Cole, 33-47, 1979.

村田光二『韓日W杯サッカー大会における日本人大学生の韓国人、日本人イメージの変化と自己奉仕的帰属』日本グループ・ダイナミックス学会第50回大会発表論文集、122-123、2003年。

10

防衛性歸因假說
Defensive Attribution Hypothesis

意 思	在發生不好的事情時，將心情投射在加害者或被害者身上，過度追究立場不同的人的責任。
關 聯	

刑責是否適當？

不知道大家看到犯罪相關的新聞時，會不會覺得對犯人求處的刑責太輕或太重呢？尤其是與性犯罪或虐待有關的案件時，常常看到「判得太輕」這種言論。

由於刑責是由法律制定，所以不修法，就無法判處更高的刑責，可是在可判處的刑責之內，要判輕還是判重，端看加害者的責任有多重，此時就有可能在推測行動原因的過程中，產生所謂的**因果歸因**（Causal Attribution）。

自己的立場與當事人的立場

引發事件的「原因」往往不只一個。比方說，發生「小朋友在視野

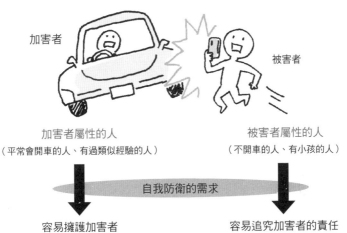

該如何判斷加害者與被害者的責任？

加害者

被害者

加害者屬性的人
（平常會開車的人、有過類似經驗的人）

被害者屬性的人
（不開車的人、有小孩的人）

自我防衛的需求

容易擁護加害者

容易追究加害者的責任

邏輯學謬誤

認知科學謬誤

社會心理學謬誤

不佳的十字路口亂跑，結果被車撞到」這類意外的原因到底是什麼？

是駕駛不夠小心（加害者）？還是亂跑的小朋友（被害者）？還是視野不佳所導致的（狀況）？

姑且不論法律的判決結果，在這種情況下，我們通常會從眾多原因之中，挑出責任最重的一個，作為引起意外的原因。不過，這終究只是推論，所以難免會有偏頗。

比方說，要評估事件或事故這類負面情況的當事人（加害者與被害者）時，我們往往會將自己投射在與自己有部分相似的人身上，進而追究與自己沒有任何相似之處的人，而這種傾向就稱為防衛性歸因假說（Defensive Attribution Hypothesis）（Shaver, 1970）。

防衛性歸因假說的實驗指出，越是嚴重的汽車交通意外，越容易追究駕駛的責任（Walster, 1966）。之所以會出現這種現象，在於追究責任的人不希望自己遇到同樣情況，不想自己和被害者一樣淒慘。

若只是輕微的事故，或許還能告訴自己「只是運氣不太好」，但

如果是很嚴重的事故，就會想要追究駕駛的責任。把遇到重大事故解釋成運氣不好，會讓我們覺得不安，所以才要進一步追究駕駛的責任，藉此緩解心中的不安。

另外有一位研究學者在進一步進行上述的實驗時，建立了另一個假說（Shaver, 1970）。事故的當事人與判斷責任歸屬的人之間，有無個人特質上的相似之處，將影響判斷責任歸屬的人是否會低估加害者的責任。

這是因為比起自己成為事故被害者想追究加害者的心情，更希望當自己是加害者的時候，不要被追究責任。

不管是哪個假說，判斷責任歸屬的人都只想保護自己，所以才會出現防衛性歸因假說這種偏見。

潛藏在性犯罪與虐待這類事件之中的陷阱

前面已經提到，判斷責任歸屬的人，若是發現事故之中的某個人與自己有相似之處，就會想追究立場相反的人。

那麼接下來要請大家想想看，法院是如何裁定性犯罪或虐待事件的加害者有多少責任。大部分的人應該會立刻想到事件之中的所有人都是成人，而且通常是男性吧。

日本 2019 年警察廳的統計指出，2018 年的強制性交罪、強制猥褻罪的被害者，有 96% 是女性，而虐待事件的被害者也多是小孩與女性。兒童虐待案件的加害者是成人之外，其中有 73% 是男性。

針對 20 歲至 79 歲的 796 名男女進行的網路調查（AirTrip 2020）指出，有高達 66% 的人認為兒童虐待案件的刑責過輕。

不過，若從心理學的角度來看，兒童虐待案件的刑責之所以無法

光憑大人就能做出正常的結論嗎？

兒童虐待案件

加害者幾乎
都是大人

被害者是小孩

正在修訂刑責與刑罰

負責修訂的
都是大人

自我防衛的需求？

· 養小孩很辛苦
· 在以前，體罰根本沒什麼
· 最近的小孩都很⋯⋯

大家敢說不會出現防衛性歸因假說的結果嗎？

邏輯學謬誤

認知科學謬誤

社會心理學謬誤

修訂，在於負責修法的人很少是當事者，或是與當事者立場相同的人。

　　為了避免引起誤會，在此要事先聲明，我不想把性犯罪與虐待案件的刑責不夠重的問題怪在男性頭上，我只是想說，不管加害者的性別為何，因為加害者的屬性與自己有部分重疊時，就有可能會因為防衛性歸因假說而無法做出正確判斷。

　　換言之，要讓想法上的偏頗在團體之內消失，就必須讓各種性別、年齡層、職業的人加入團體之中。

參考文獻

Kelly Shaver, "Defensive Attribution: Effect of Severity and Relevance on the Responsibility Assigned for an Accident," Journal of Personality and social Psychology:14, 101-113, 1970.

Elaine Walster, "Assignment of Responsibility for an Accident," Journal of Personality and Social Psychology: 3, 73-79, 1966.

株式会社エアトリ『児童虐待に対する現在の刑罰、6割以上が「軽すぎる」』〈https://dime.jp/genre/842025/〉2020年12月23日閲覧。

警察庁『令和元年版犯罪白書:平成の刑事政策』〈http://hakusyo1.moj.go.jp/jp/66/nfm/mokuji.html〉2019年 。

為什麼浦島太郎沒辦法遵守與乙姬公主的諾言，
打開了玉手箱呢？

11

心理抗拒
Psychological Reactance

意　思	覺得自己的選擇或行動的自由受到限制時，對這些限制產生反感，以及想要反抗的意思。

關　聯	現狀偏差（→222頁）　　公平世界假說（→226頁） 系統合理化謬誤（→230頁）

越是禁止就越禁不住

「我在織好布之前，絕對不要偷看房間裡面發生了什麼事喲。」

「絕對不要打開這個玉手箱。」

前者是《白鶴報恩》的一小段情節，後者則是《浦島太郎》的部分故事。

明明故事裡的主角被禁止「打開東西」，卻還是忍不住打開的原因，是因為禁不起好奇心的誘惑嗎？

每個人**在選擇權、行動的自由被別人威脅時，都會為了奪回原有的自由而反抗**，而這就稱為心理抗拒（Psychological Reactance）（Brehm, 1966）。

在剛剛的兩個故事之中，主角應該因為被分別禁止打開紙門與玉手箱，所以才會更想「打開」這兩樣東西。

親切是雞婆？

不能按喲，絕對不能按喲！

不知道大家有沒有下列這些經驗。明明眼前有一碗看起來很好吃的拉麵，卻有人對你說「吃太鹹不好」，或是正在看很有趣的雜誌，卻有人在旁邊說「別一直看漫畫，要多看文學作品」的時候，都會很生氣吧？誰都知道攝取過多的鹽分不好，也都知道多讀文學作品能增廣見聞，雖然對方的意見非常正確，但聽在耳裡就是會莫名生氣。

其實之所以會生氣，是因為行動的自由受到限制。**明明是為了對方好，卻適得其反的原因，全因對方的行動受到限制。**

越是難得到的東西越想要

此外，也有實驗證實，稀少性（Scarcity）也是引起心理抗拒的原因之一。

某個研究以調查消費者的喜好為由，讓受測者吃餅乾，以及進行評估，最終得到下列的結果。

①儘管是同一款餅乾，從 2 片裝的餅乾瓶子拿出來的餅乾，看起來比 10 片裝的餅乾更有價值。

②比起一開始只看到 2 片裝瓶子的人，將 10 片裝瓶子換成 2 片

裝瓶的人，覺得 2 片裝瓶子的餅乾更有價值。

　　由於 2 片裝的餅乾較少片，所以受測者會覺得「如果別人先選，自己就有可能不能選」，也就是覺得選擇的自由受到威脅，所以才會覺得 2 片裝的餅乾比較高級（Worchel, et al., 1973）。

　　由此可知，商品包裝上面的「期間限定」、「先搶先贏」這些文案，都是操控人心的手段，會讓我們覺得錯過這次「就再也沒機會買得到」，所以我們只好購買，才得以維護購買的自由。

　　此外，幫助我們在不確定的狀態之下做決定的**展望理論**（**Prospect Theory**）也告訴我們，人類重視損失更勝於得利，不想因為沒買到而蒙受損失（Kahneman and Tversky, 1979），所以會替自

哪邊的餅乾看起來比較高級？

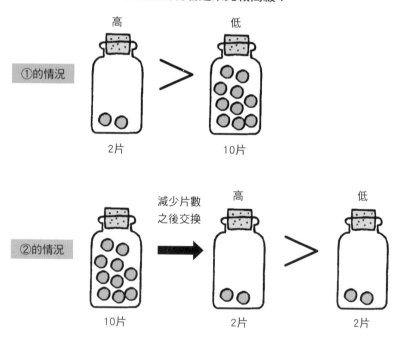

已找藉口消費。

越多阻礙，戀情越是炙熱

越多阻礙，越覺得有魅力的現象，也可在舞台劇《羅密歐與茱麗葉》（*Romeo and Juliet*）見到。

分別在互為世仇的兩個家庭出生的羅密歐與茱麗葉雖然墜入愛河，卻因為家人彼此敵視而無法公開戀情，被迫只能選擇私奔，沒想到羅密歐在陰錯陽差之下，誤以為茱麗葉殉情，所以也選擇自殺，聽聞羅密歐死訊的茱麗葉也隨羅密歐而去。

為什麼這兩人的戀情會如此炙熱呢？應該是因為「世仇」這個極大的障礙擋在兩人之間吧。若從心理學的角度解釋，這兩人因為家庭的關係，無法自由地相愛，而在擺脫這種威脅的過程中，兩人變得更加相愛，最後才會選擇走上絕路。

在覺得自己很喜歡某個人或某件東西的時候，不妨先冷靜想想是真心喜歡，還是害怕自己的自由被威脅才喜歡，才能避免自己陷入上述的謬誤之中。

如果年輕的羅密歐與茱麗葉能知道這個謬誤，或許整個故事會朝截然不同的方向發展。

參考文獻

Jack Brehm, A Theory of Psychological Reactance, Academic Press, 1966.

Daniel Kahneman and Amos Tversky, "Prospect Theory: an Analysis of Decision Under Risk," Econometrica: 47, 263-291, 1979.

Stephen Worchel, Jerry Lee and Akanbi Adewole, "Effects of Supply and Demand on Ratings of Object Value," Journal of Personality and Social psychology: 37, 811-821, 1973.

深田博己（編著）『説得心理学ハンドブック』北大路書房、2002年。

「如果挑戰之後會失敗，那還不如不要挑戰」的心態。

12

現狀偏差
Status Quo Bias

| 意 思 | 就算覺得改變有機會改善現狀，但一想到損失，就寧可保持現狀的傾向。 |

| 關 聯 | 心理抗拒（→218頁）　公平世界假說（→226頁）
系統合理化謬誤（→230頁） |

▎是獲利還是損失？

假設銅板丟出正面就能得到 1500 元，丟出反面必須支付 1000元，而丟出正面與反面的機率各為二分之一的話，你會想參加這個賭局嗎？

假設出現正反兩面的機率相同，而且獲利比損失來得高，那參加才是正確的選擇。不過，許多人被問到是否參加賭局的時候卻面有難色（Kahneman, 2011）。

在行為經濟學的領域之中，有個損失規避（Loss Aversion）的名詞，顧名思義，**這是想要避免損失的心態。我們在比較得失之際，往往會更計較損失。**

假設在剛剛的賭局之中，被告知丟出反面得支付 100 美元的話，要能賺到多少才會願意參加賭局？大部分的人都回答 200 美元左右

（Kahneman and Tversky, 1979）。

　　獲利與損失的比率要多少才划算？此時的比率稱為**損失規避比率**（**Loss Aversion Ratio**），過去有不少實驗研究這個主題。結果發現，雖然每個人的期待不盡相同，但**大部分的人都認為，獲利應該高於損失 1.5 ～ 2.5 倍才划算**（Novemsky and Kahneman, 2005）。

比起得到，更害怕失去

　　展望理論（**Prospect Theory**）指出，比起得到，人類在失去的時候受到的影響更大（Kahneman and Tversky, 1979）。

　　這個傾向與前一節的**心理抗拒**（**Psychological Reactance**）提到的「人類會想避免損失」，可說是有異曲同工之妙。我們的任何決定都會受到情緒扭曲與影響，而這種「價值觀的扭曲」可利用下列的**價值函數**（**Value Function**）說明。

　　請大家一邊參考右側的圖 1，一邊繼續讀下去。就算左右兩側與中心點的距離相同（在這個例子之中，都是 1 萬元的距離），感受到的喜悅（從中心的橫線往上的距離）與失落（往下的距離）卻是截然不同。從圖中可以發現，獲利帶來的喜悅感

圖 1　價值函數

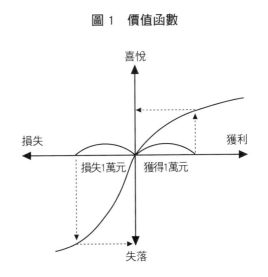

（圖表的右上曲線）比損失帶來的失落感（圖表的左下曲線），曲線的弧度更為趨緩。這代表獲利的喜悅感比損失的失落感更為薄弱。

由此可知，想讓喜悅感增幅，獲利必須比損失高上 1.5 ～ 2.5 倍才行。**假設採取行動的好處比這個倍率低，就會覺得很有可能會蒙受損失，也就會寧可保持現狀也不要採取行動。**這種傾向就稱為現狀偏差（Status Quo Bias）（Samuelson and Zeckhauser, 1988）。

一旦獲得就捨不得放手的稟賦效應

現狀偏差在稟賦效應（Endowment Effect）出現之際特別顯著。所謂的稟賦效應，是指**一旦得到某種東西，會覺得這項東西比還沒得到的時候更有價值，更不捨得放手的現象。**

在此為大家介紹一個知名的稟賦效應實驗。

受測者的大學生被分成兩個群組，只有一個群組拿到價值 6 美元的馬克杯。接著給沒拿到馬克杯的群組看同樣的馬克杯，並且問他們多少錢才肯買，也問拿到馬克杯的學生，多少錢才肯賣。結果拿到馬克杯的學生回答 7.12 美元才肯賣，而沒拿到馬克杯的學生則覺得 2.87 美元才肯買，兩者之間的落差超過了兩倍。

之所以會出現如此明顯的落差，有可能是因為拿到馬克杯的學生覺得拿到馬克杯之後，馬克杯的價值變高了，也更不捨得放手（Kahneman, et al., 1990）。

我們很常看到網購宣稱「幾天之內皆可退貨」的廣告文案，但這很有可能是因為賣家知道買家會因稟賦效應與退貨的麻煩而放棄退貨，所以才祭出這種廣告。

另一方面，沒有拿到馬克杯的群組不想改變沒有馬克杯的現狀，

有時改變是唯一的解決之道

面對變化的勞力
維持現狀的安全感
改變有可能會後悔
現狀偏差
不知該如何選擇
變化！

也覺得沒必要特別花錢買便宜貨，所以才會低估馬克杯的價值。

組織改革遲遲沒有進展的理由

明明新的系統或制度比較優秀，卻堅持使用舊的系統或制度，遲遲未能改良的現象也是源自現狀偏差。

每個人對於缺點的敏感程度更勝於優點。如果想讓別人改變現狀，就必須想辦法讓對方知道，優點遠勝於缺點。

此外，也可以採用零基礎思考的方式，假設自己手上沒有已經拿到的東西。

參考文獻

Daniel Kahneman, Thinking, Fast and Slow, Farrar, Straus and Giroux, 2011.〔ダニエル・カーネマン（村井章子訳）『ファスト&スロー：あなたの意思はどのように決まるか?』早川書房、2012年。〕

Daniel Kahneman, Jack Knetsch and Richard Thaler, "Experimental Tests of the Endowment Effect and the Coase Theorem" Journal of Political Economy: 98(6), 1325–1348, 1990.

Daniel Kahneman and Amos Tversky. "Prospect Theory: an Analysis of Decision Under Risk," Econometrica: 47, 263-291, 1979.

Nathan Novemsky and Daniel Kahneman, "The Boundaries of Loss Aversion," Journal of Marketing Research: XLII, 119–128, 2005.

William Samuelson and Richard Zeckhauser, "Status Quo Bias in Decision Making," Journal of Risk and Uncertainty: 1, 7-59, 1988.

越是強調「惡有惡報」的人，越有可能抨擊被害者？

13

公平世界假說
Just-World Hypothesis

意 思	善有善報、惡有惡報反映了認知的偏頗。

關 聯	心理抗拒（→218頁）　現狀偏差（→222頁） 系統合理化謬誤（→230頁）

▌真 的 惡 有 惡 報 嗎 ?

　　不知道大家小時候是否曾在做壞事之後，被父母親或老師告誡「會被處罰喲」？

　　讀賣新聞實施的民意調查指出，2020 時覺得惡有惡報的人高達 76%，然而在 1964 年進行相同調查時，只有 41% 的人這麼覺得，可見現代人認同這個說法的比例更高（2020 年 8 月 13 日早報）。

　　此外，若是將這份調查拆成不同的年齡層來看，會發現 70 歲以上的人高達 63%，18 歲～ 29 歲的人也高達 81%。從這點來看，年輕人比老年人更覺得「惡有惡報」這句話是正確的。

　　「惡有惡報」這句話有很多種說法，例如「會遭到天遣」、「因果報應」、「自做自受」，而這種所做所為最終都會報應在自己身上的思維，可說在我們的文化中紮根已久。

認同「惡有惡報」的民意調查趨勢

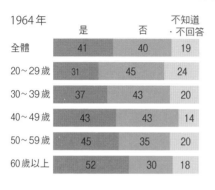

1964 年	是	否	不知道・不回答
全體	41	40	19
20～29 歲	31	45	24
30～39 歲	37	43	20
40～49 歲	43	43	14
50～59 歲	45	35	20
60 歲以上	52	30	18

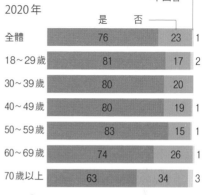

2020 年	是	否	不回答
全體	76	23	1
18～29 歲	81	17	2
30～39 歲	80	20	
40～49 歲	80	19	1
50～59 歲	83	15	1
60～69 歲	74	26	1
70 歲以上	63	34	3

根據「《讀賣新聞》2020.8.13早報」的資料製作

　　這種惡有惡報的想法有時候會引起錯誤歸因（Misattribution）的現象，進而被解釋成會遇到不好的事，全是因為做了壞事，變得倒果為因。這種錯誤歸因很可能會是一場災難。

　　在此為大家舉出一個犯罪被害者的經歷。

為什麼被害者反而被檢討？

　　被性侵的女性明明是性犯罪的受害者，卻常被人以深夜出門或穿著清涼這類理由檢討，不過只要冷靜想想就會發現，女性不管是深夜出門，還是穿著清涼，只要沒有企圖犯罪的人，就不會發生這類事情，所以該被責備的只有犯人。

　　除了上述的例子之外，被害者被檢討的例子可說是多不勝數。

　　曾有個實驗讓受測者觀看別人在各種條件下被電擊的樣子，藉此了解受測者的感受起了哪些變化。結果發現，只看到對方痛苦的受測者，會越來越看不起被電擊的人（Lerner and Simmons, 1966）。

看到別人受苦時，人心會有什麼反應？

這傢伙一定做了壞事吧

若是看到一直被電擊的人，會覺得對方被折磨是因為做了壞事。

實驗人員的結論是，受測者的心境之所以會改變，是因為受測者到最後覺得，「這些人之所以會慘遭電擊，絕對是因為做了壞事」。

這種「不是不報，只是時候未到」的想法稱為公平世界假說（Just-World Hypothesis）。一旦陷入這種偏誤，就會出現「被霸凌的人一定自己也有問題」，或是「會被傳染，自己也要負一定的責任」這類想法。

這種偏誤與不安的心情息息相關。

如果沒有做任何壞事的人會遭受如此不合理與殘酷的對待，那麼總有一天，自己也會淪為同樣的下場，所以為了逃離這種「來自世界的不合理」以及避免「自己被這種不合理傷害」，人們才會相信公平世界假說（Zechmeister and Johnson, 1992）。

可以相信善有善報這句話嗎？

這種凡事發生皆有其理的想法，就是所謂的「公平世界假說」，但除了剛剛的惡有惡報之外，善有善報這句話會成立嗎？

大部分的人都相信「努力一定有回報」，或是「成功的人一定很努力，所以失敗的人一定是不夠努力」。

不過之所以會如此告訴自己，其實和剛剛惡有惡報的例子一樣，都是擔心「再怎麼努力也不一定會有回報」，或「努力的人得不到回報，不努力的人反而過得很好，實在是太不公平了」這些事情發生在自己身上。

公平世界假說的光與暗

公平世界假說有光明的一面，也有黑暗的一面。

公平世界假說能讓我們覺得這世界沒那麼不公平，能幫助我們的心情趨於平靜，更能讓我們相信努力會有回報，幫助我們一直朝目標前進。如果不採取任何行動，就絕對無法達成目標，即使最後還是無法達成目標，努力這件事本身就具有意義。

不過有件事也要特別注意，那就是這種想法也很有可能讓我們看不起別人。

不是每個人都擁有相同的生活環境，而且前述的基本歸因謬誤也提過，人類常忽略外在因素的影響。如果不懂得想像對方的立場或狀況，就無法消除公平世界謬誤造成的歧視。

參考文獻

Melvin Lerner and Carolyn Simmons, "Observer's Reaction to the "Innocent Victim": Compassion or Rejection?" Journal of Personality and Social Psychology: 4(2), 203–210, 1966.

Eugene Zechmeister and James Johnson, Critical Thinking A Functional Approach, International Thompson Publishing, 1992. [E.B.ゼックミスタ／J.E.ジョンソン（宮元博章／道田泰司／谷口高士／菊池聡訳）『クリティカルシンキング　入門篇』北大路書房、1996年。]

不合理的風俗習慣或不公不義的系統，為什麼總
是無法改善呢？

14

系統合理化謬誤
System Justification Bias

意 思	就算對特定族群造成不便，或是讓特定族群蒙受損失，也只想沿用舊方法，不願挑戰未知的新方法。

關 聯	心理抗拒（→218頁）　　現狀偏差（→222頁） 公平世界假說（→226頁）

這世界就是不公平、不公義

　　在我們的日常生活之中，有一些我們一直盲從，但仔細想想就會發現一點都不合理的規矩。

　　比方說，明明沒有加班費，但上司不下班，下屬也不能下班的職場文化，或是遲遲做不出結論，只是白白浪費時間的會議，自己沒有錯，但同組的朋友犯錯就得連坐處罰的校規……都是其中一種。

　　一如前一節公平世界假說（Just-World Hypothesis）所提到的，每個人都有「善有善報、惡有惡報」的偏見，但如果是上述的情況，當事人真的該負責嗎？

　　如果把話題的層次拉高就會發現，明明種族、性別這類社會地位的高低，或是因社會制度造成的貧富差距，都是再怎麼努力也無法改變的社會屬性，但有些人因為這些社會屬性而蒙受不公義的待遇，也

是不爭的事實。

　　若從公平世界假設的觀點來看，在現行的社會系統以及從中衍生而來的社會地位與財富，對於那些既得利益的人來說是再好不過的事情，因為得天獨厚的現況，恰恰可證明這些人的行為是公平公正的。

　　但是，那些弱勢族群會怎麼想呢？當這些弱勢族群把自己的不幸視為一種報應，就會覺得自卑或是否定自己。如果問題出在自己身上，那當然得想辦法解決，但希望不會有人因為那些無法努力改變的事情而蒙受不公平的待遇。

　　我們該怎麼與這個世界的不公平與不正義相處呢？

在不公不義的世界存活的方法

　　曾有個研究透過系統合理化理論（System Justification Theory），解釋人類與生活之中的不公平或不正義相處的方法（Jost and Banaji, 1994）。

　　這個理論認為人類會「為了於某個特定社會系統存在的這件事」賦予價值，藉此合理化這個社會系統，而這種行為就稱為系統合理化謬誤（System Justification Bias）。「系統」能消除「不知道接下來會發生好事還是壞事」的「不確定性」。

　　大部分的人都討厭模稜兩可的事情。至於有多討厭，則是因人而異，不過，比起不知道接下來會發生什麼事情的不安，更多人希望依附在現行的系統之下，避免遇到那些充滿不確定因素的事情，哪怕這套系統有些問題也沒關係。

　　請大家想像一下，假設你是一名高中生，因為一些事情而不得不一個人在半夜，走在人煙稀少的路上回家，突然間，前方的某個角落

傳來跑向你的腳步聲，如果你再繼續往前走，似乎會和腳步聲的主人撞個正著。

假設跑向你的是下面這些人，你會有什麼感覺？

①因為擔心你走夜路而來接你的父母親
②因為生氣而來帶你回家的父母親
③在深夜莫名奔跑的陌生人

①是最棒的事情，②則是不太妙的事情，③則是不知結果如何的情況，不過，大部分的人應該最害怕③吧？

比起晚回家被罵，大部分的人還是會害怕③這種情況，因為「就算有很高的機率是路人，還是有可能遇到隨機殺人魔」。

由此可知，對人類而言，**「未知」是一大威脅**，所以就算**在現行系統之下蒙受不公平的對待**，這些人為了消除心中的不安，**還是寧可委身於這個問題叢生的系統。**

煽動不安的資訊會造成反效果

下列的實驗結果或許會讓大家感到意外，比起那些被告知「日本的犯罪率很低，還能安居樂業」的受測者，被告知「日本的治安持續惡化，有可能變得與其他國家一樣」的受測者，更覺得日本的現行系統很可靠（沼崎・石井，2009）。

心理抗拒（Psychological Reactance）的章節也有提到，每個人遇到反對的意見或是威脅的時候都會想要反抗。

那些煽動不安情緒的資訊很有可能會強化謬誤。

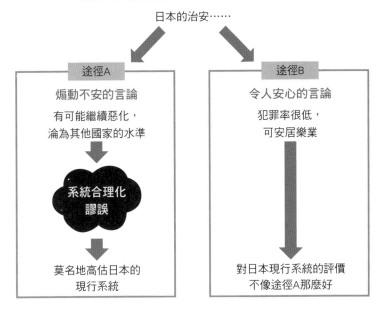

煽動不安情緒所引發的系統合理化謬誤

日本的治安……

途徑A	途徑B
煽動不安的言論	令人安心的言論
有可能繼續惡化，淪為其他國家的水準	犯罪率很低，可安居樂業
系統合理化謬誤	
莫名地高估日本的現行系統	對日本現行系統的評價不像途徑A那麼好

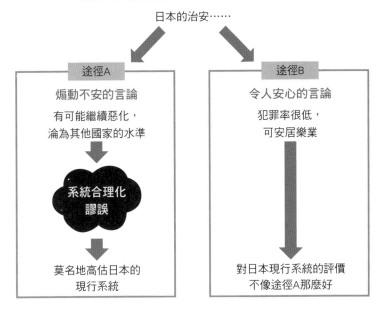

在此希望大家知道一件事，那就是有些謬誤是因為想要消除自己的不安而出現，不一定都是源自偏見與自以為是。不過在此也要強調一點，那就是這些謬誤雖然沒有什麼錯，但是把那些在現行系統之下，被迫淪於弱勢的人，形容成一切都是咎由自取的話，不僅無法改善現況，更有可能造成歧視。

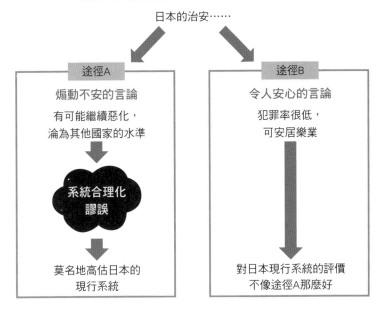

參考文獻

John Jost and Mahzarin Banaji, "The Role of Stereotyping in System-Justification and the Production of False Consciousness," British Journal of Social Psychology, 33, 1-27, 1994.

沼崎城／石井伺雄『日本の犯罪状況の悪化情報が現システムの正当性認知に及ぼす効果』日本心理学会第73回大会発表論文集 116、2009年。

偶像團體的成員是待在團體之中比較耀眼，還是
單飛才能發光發熱？

15

啦啦隊效應
Cheerleader Effect

意 思	比起單飛，待在團體之中顯得更有魅力的現象。

關 聯	

一群人比一個人更有魅力？

　　請大家回想一下自己的學生時代，是否有過看到喜歡的人和朋友
打打鬧鬧而突然心動的經驗呢？

　　若覺得對方在一群人之中，比一個人的時候更加耀眼的話，代表
在你身上發生了啦啦隊效應（Cheerleader Effect）。

　　所謂的啦啦隊效應，是指<u>一個人在群體之中更顯得有魅力的效應</u>
（Walker and Vul, 2014）。

　　這個效應的名稱源自美國電視連續劇《How I Met Your
Mother》的情節，而這個情節的內容是：「仔細觀察每位啦啦隊隊
員，就會發現她們長得很普通，但是當她們聚在一起時，每個人就
會變得很美麗。」

產生啦啦隊效應的機制

曾有個實驗為了釐清啦啦隊效應，而讓受測者透過照片評估人物的魅力（Walker and Vul, 2014）。

這項實驗設定了兩個實驗條件，一個是「團體照條件」，另一個是「獨照條件」，在前者的照片之中，除了有評估對象之外，還有 2 位同性的人物，而後者的照片則是從團體照裁剪下來的評估對象獨照。受測者會在這樣的條件之下，評估目標對象的魅力。結果發現，團體照的目標對象比較有魅力。

一般認為，下列三個過程是形成這種現象的機制。

①人類同時看到很多張臉的時候，這些臉孔的特徵會變得扁平。
②對個人五官的認知會趨近平均值。
③趨近平均值的五官比實際的長相更有魅力。

每個人在接受大量的視覺刺激之後，會選擇淡化這些特徵，以便統一辨識，而這種傾向稱為整體感知（Ensemble Perception）（Alvarez, 2011）。這通常是在認知圖形之際發生的現象，但在認知多張臉孔時，我們會習慣將這些臉孔的特徵濃縮為一個共通的印象。換言之，不管眼睛上揚還是下垂，這些個人特徵都會變得扁平，變成沒有特徵或特色的大眾臉。一般認為，這樣的現象是在上述的第一個過程發生的。

進入第二個過程之後，每個人的五官就會往第一個過程算出的平均值修正。

進入最後的第三個過程之後，我們會依照修正之後的五官評估個

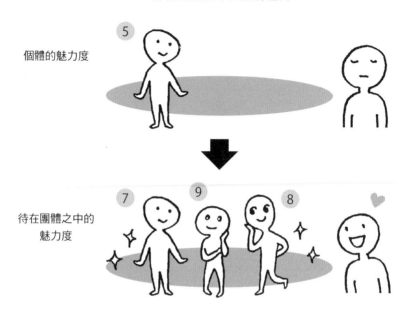

待在團體之中比較有魅力

個體的魅力度

待在團體之中的
魅力度

人魅力。

　　這裡的重點在於，**許多與五官有關的心理學研究都證實，大部分的人覺得由各種五官特徵組成的大眾臉更有魅力**。一般認為，人類在不斷進化的過程中，越來越喜歡均衡的事物，而這種傾向也讓我們更喜歡大眾臉。

啦啦隊效應的性別差異

　　有趣的是，有研究指出，啦啦隊效應會因性別而出現顯著的差異（服部等，2019）。

　　女性評估男性五官的時候，啦啦隊效應比評估女性五官的時候更

加顯著，但男性不管評估的對象是男是女，啦啦隊效應都沒有顯著的差異。

有研究指出，比起女性的五官，女性更不容易記住男性的五官（Herlitz and Loven, 2013）。

團體中的個別的視覺刺激，會被整體感知修正（這過程稱為階層編碼化），此時越是模稜兩可或含有多項誤差的刺激，越是比那些差異鮮明的刺激來得更容易強化啦啦隊效應。

所以女性受測者往往無法記住男性五官的細節，所以五官的修正幅度更大，啦啦隊效應也顯得更加強烈。換言之，女性受測者通常會覺得男性團體之中的男性比較帥。

除了男性偶像團體或藝人之外，女性有可能會覺得在街上擦肩而過的學生團體或是上班族團體，比個別的男性來得更帥。

可惜的是，**一旦變成一對一的戀愛關係，這個魔法就會消失**，所以若想讓彼此的關係更緊密，不接觸就無從體會的個人魅力也顯得相當重要。

參考文獻

George Alvarez, "Representing Multiple Objects as an Ensemble Enhances Visual Cognition," Trends in Cognitive Sciences: 15, 122–131, 2011.

Agneta Herlitz and Johanna Lovén, "Sex Differences and the Own-Gender Bias in Face Recognition: A Meta-Analytic Review," Visual Cognition: 21, 9-10, 2013.

Drew Walker and Edward Vul, "Hierarchical Encoding Makes Individuals in a Group Seem More Attractive," Psychological Science: 25, 230–235, 2014.

服部友里／渡邊伸行／鈴木敦命『魅力度の類似した顔のグループに対するチアリーダー効果:観察者の性別と顔の性別の影響』基礎心理学研究:38(1)、pp.13–25、2019年9月。

16

比起陌生的大批犧牲者，更在乎身邊的某位犧
牲者。

可辨識受害者
效應

Identifiable Victim Effect

意 思	對於特定個人比較容易產生共鳴與興趣，但面對只是一堆數字的人數或比例時，卻不容易產生同理心與興趣的現象。
關 聯	

團體與個體

抬頭仰望星空時，就算已經長大成人，大部分的人應該都能找得到教科書介紹的星座吧。

例如北斗七星、獵戶座、仙后座，這些被視為星座的星星都有自己的名字，大小與亮度也都不同。

可是當我們將這些星星歸納為同一個星座之後，這些星星就失去自己的辨識度，大部分的人也不會特別注意星座之中的每顆星星。

同樣的現象也在人類的世界發生。

比方說，應該每個人都看過下列這種敘述吧。

「○○是罕病兒童，最近總算出現能有效醫治該罕見疾病的治療方式，可惜的是，要接受這種劃時代的治療方式需要龐大的醫療費用，希望大家能熱心捐獻，讓○○得以接受治療。」

此外，應該也看過下列的敘述才對。

「全世界有〇萬名兒童正為這種疾病所苦，最近總算發明了劃時代的治療方法。可惜的是，要接受這種治療方法需要龐大的醫療費用，希望大家能熱心捐款，讓這些孩子得以接受治療。」

這兩篇文章的主旨都是呼籲捐款，拯救病童，但只有捐款的對象不一樣，前者是有名有姓的個人，後者則是只看得到一堆數字的團體。目前已知的是，**我們的行為會因對象的不同而大幅改變。**

▎只看到一堆數字，所以沒辦法感同身受？

假設有人想要捐款，那麼特定的個人與只看得到一堆數字的團體，哪邊能得到更多捐款呢？

或許有些人會覺得是後者，但其實**有名有姓的個人比較容易收到捐款**，而這種現象就稱為**可辨識受害者效應**（Identifiable Victim Effect）。

曾有個實驗研究這個效應。

這個實驗先請受測者回答問卷，然後給受測者 5 美元作為報酬。接著讓受測者閱讀糧食危機報導，再問受測者願意從收到的 5 美元之中撥出多少，作為解決這個問題的捐款之用。

給受測者閱讀的糧食危機報導分成兩個版本。

第一個版本的實驗條件是「統計數據」，主要會以具體的數值說明問題，內容包含「〇〇人正面臨糧食不足的危機」、「相較於2000 年，玉米的生產大幅減少 42%」。

第二個版本的實驗條件是**「看得見長相」**，主要的內容為「你的捐款可以幫助〇〇這名少女，讓她的生活變得更好」，其中也包含少

比起統計數據，看得見長相和名字比較能讓人採取行動

全世界有幾億人陷入飢餓。

你的捐款能讓這名兒童吃飽。

女的名字以及大頭照。

　　被要求捐款的受測者在實驗條件為「統計數據」的情況下，願意撥出 23% 的報酬作為捐款；在實驗條件為「看得見長相」的情況下，願意撥出 48% 的報酬作為捐款（Small, et ,al., 2007）。

　　這個結果告訴我們，在知道對方的長相、姓名以及其他現況的情況下，大部分的人會比較願意捐款。一般認為，這是因為覺得對方比較親近，比較能感同身受所致。另一方面，若只看到無法與個人連結的資訊，就無法產生上述的情緒，也就比較不願意採取對應的行動。

　　此外，與對方的親疏關係（陌生人、朋友、親戚），或是對對方狀態的了解程度（實際在眼前發生，還是只是透過文字了解），都會影響我們採取行動的意願，而這種現象在心理學的世界稱為杯水車薪效應（Drop in the Bucket Effect）（Ariely, 2010）。這項效應告訴我們，在能確實拯救別人的時候，我們才會採取行動，換言之，若覺得只有自己採取行動也無濟於事時，我們就不會採取行動。

不讓對方淹沒在數字之中的方法

　　想必大家已經知道，想要別人能伸出援手，最好進一步說明這些需要幫忙的人的現況，對他們的生活多一些描述，而不是只列出一堆數字，說明有多少人需要幫忙。

　　聯合國兒童基金會的廣告在一名兒童的特寫照旁邊放上「一支疫苗就能拯救生命」的文案。這種讓人覺得只要捐款，就能拯救「這位兒童」的文案設計，的確能號召更多人捐款。也就是說，將注意力放在每顆星星上面，而不是將這些星星當成某個星座看待。

　　或許大家覺得這是老生常談，不過要得到好結果，就必須知道提升效果的方法。如果輕忽這點，恐怕只會落得事倍功半的下場。

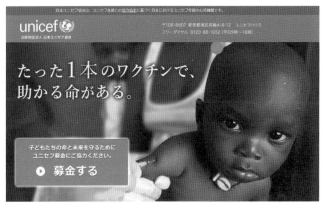

編輯部根據公益財團法人日本聯合國兒童基金會網頁（https://www.unicef.or.jp/special/17win/）部分資訊製作而成。

參考文獻

Dan Ariely, The Upside of Irrationality: The Unexpected Benefits of Defying Logic at Work and at Home, Harper Collins, 2010.[ダン・アリエリー（櫻井祐子訳）『不合理だからうまくいく: 行動経済学で「人を動かす」』早川書房、2014年。]

Deborah Small, George Loewenstein and Paul Slovic, "Sympathy and Callousness: The Impact of Deliberative Thought on Donations to Identifiable and Statistical Victims," Organizational Behavior and Human Decision Processes: 102, 143–153, 2007.

17

從眾效應
Conformity Bias

意　思	參考別人的行為，再改變自己的行為。

關　聯	樂隊花車效應（→246頁）

人氣攤位大排長龍的原因

你一走進夜市，發現有兩間章魚燒的店開在一起，這兩間店看起來系出同門，連攤位的設計都非常相似。不過，其中之一的攤位排了長長的人龍，另一個攤位卻是一個人也沒有，這時候你會在哪間店買章魚燒？

如果趕時間的話，或許會覺得自己很幸運，可以在沒有客人的攤位買一買就走，但大部分的人會這樣想嗎？

「明明兩間店長得差不多，為什麼這間店沒有人排隊？是不是有什麼問題啊？」

應該有不少人會覺得既然商品相同，絕對是在能快點買到的攤位買比較好，但是另一邊居然排得那麼長，沒人的那邊一定有問題，所以這樣的人會選擇大排長龍的店家，結果人龍也因此變得更長。

這種**在旁邊有別人的時候，模仿別人行動的現象**稱為從眾效應（Conformity Bias）。

從眾的壓力

所謂的從眾是指「配合別人的行為或想法」，而這當中包含了兩項機制。

第一個機制是**參考別人的行為**。以剛剛的章魚燒攤販為例，你會覺得有很多人排隊的店家比較好吃，所以覺得自己也該去排隊。

第二個機制是**把別人的行為或想法視為某種規範，要求自己模仿對方**。在這種情況下，對方的行為或想法會變成一種壓力，無形地限制你的行為。比方說，明明已經過了下班時間，而且你也做完那些必須在今天之內完成的工作，但沒有人回家，所以只好留下來加班的情況就是其中之一的例子。

相較於歐美國家，日本人比較重視團體的和諧，比較不敢說出自己的意見。在這樣的文化壓力之下，會讓人不敢說出與眾不同的意見，或是扭曲自己的想法，而且大部分的人應該都有過類似的經驗。

曾有個實驗想要了解從眾的壓力（Asch, 1951, 1955）。這個實驗將 7～9 位大學生請來實驗室，給他們看了一張畫了 3 條不同長度直線的卡片，同時間，也讓他們看另一張卡片，不過上面只畫了 1 條直線，接著要求受測者的大學生依序回答，這條直線與第一張卡片上的哪條直線一樣長（圖 1）。

其實在這項實驗之中，真正的受測者只有一位，其餘的受測者都是暗樁。在最初的兩輪回答之中，暗樁都會回答正確答案，但在進入第三輪之後，這些暗樁都會故意選擇同一個錯誤答案。此時會將真正

就算是很簡單的問題，一旦想要附和別人的答案就很容易答錯

圖1

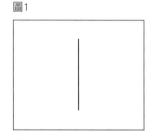
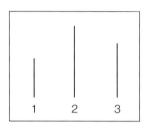

圖2

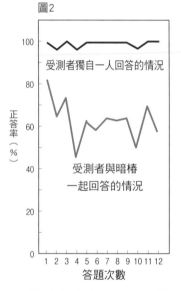

受測者獨自一人回答的情況

受測者與暗樁
一起回答的情況

正答率（％）

答題次數

即使是獨自回答就絕不會答錯的問題，
正答率還是會因為被暗樁影響而下降。

的受測者安排在倒數第二個的順序回答。

　　結果發現，明明自己一個人的時候，絕對不可能選錯答案，但這個實驗的誤答率卻有 36.8%，此外，在十二輪的回答之中，半次都不曾附和暗樁的受測者只有 25%（圖 2）。

　　由此可知，**即使遇到的是直線長度明顯不同的事情，能不受他人影響，勇於說出正確答案的人只有 25% 而已，所以當事情更為複雜時，也就不難想像從眾效應會有多麼明顯了。**

雖然不是所有課題都這樣，但有研究指出，**當其他人的意見一致時，自己也很容易跟著附和**（Allen, 1975）。

潛藏在現實生活之中的從眾危機

從眾效應會對我們的生活造成哪些影響呢？

從眾效應最為明顯的情況，**莫過於發生災害的緊急狀態。**

比方說，坐滿觀眾的劇場突然失火。此時其中若有人急得想要跑出劇場，往往會引起一堆人跟著跑到出口，如此一來就很容易發生踩踏事件，造成更大的傷亡。

之前也曾有一處主題公園在發生大地震的時候，正在遊行的卡通人物要求遊客原地蹲下，並且抱頭保護自己，避免造成混亂（JCAST新聞，2020），這可說是遊客效法卡通人物，讓事情往好的方向發展的例子。

從眾效應不一定會造成不良的影響，只要使用得當，也能帶來好的結果。重要的是，正確認識從眾效應，以及學會正確的使用技巧，但也是因為做不到這點，所以才會老是看到負面影響的例子。

參考文獻

Vernon Allen, Social support for nonconformity, In Leonard Berkowitz (Ed.), Advances in experimental social psychology, Academic Press: 8, 1-43, 1975.

Solomon Asch, Effects of group pressure upon the modification and distortion of judgments, Group leadership, and Men, edited by Harold Guetzkow, Carnegie Press, 1951.

Solomon Asch, "Opinions and Social Pressure," Scientific American: 193, 31-35, 1955.

JCASTニュース『緊急地震速報にミッキーも頭守って... TDRの「対応力すごい」と話題に』〈https://www.j-cast.com/2020/07/30391175.html?p=all〉2020年7月30日。

本間道子『集団行動の心理学:ダイナミックな社会関係のなかで』サイエンス社、2011年。

18 樂隊花車效應
BandwagonEffect

意 思	在選項很多的時候，若有許多人選擇同一個選項，會讓更多人選擇相同選項。

關 聯	從眾效應（→242頁）

從眾效應與樂隊花車效應

　　參考別人的行為，採取相同的行動能讓自己覺得安心與安全。比方說，如果不跟著一堆人往天空看，有可能只有你被東西砸中。

　　不管是行為還是情緒，從眾效應可有效降低風險。前一節也曾提到，我們可能會因為從眾效應而在緊急狀況下變得盲目，也因此遇到危險，但從眾效應（Conformity Bias）本身沒有任何罪過。

　　在這類從眾效應之後，與**投票行為、消費行為特別有關的特徵**稱為樂隊花車效應（Bandwagon Effect）。在此先請大家記住，樂隊花車效應是從眾效應的其中一種。所謂的 Bandwagon 是指在遊行時走在最前面，負責載著樂隊的車子。英文的「搭上樂隊花車（jump on the bandwagon）則有「搭上流行」或「搭順風車」的意思。

2009 年於威斯康辛州密爾瓦基市舉辦的樂隊花車遊行

受歡迎的人會更受歡迎

　　一如「打不贏就加入」這句話，比起與強權為敵，不如歸入對方麾下，才能明哲保身。

　　選舉的時候，被報導具有「壓倒性的優勢」或是「肯定當選」的候選人，往往可以吸引更多的票，而上述的那句話恰恰足以說明這種社會現象。民意調查的結果，往往會進一步拉開得票數的差距（Noelle-Neumann et al., 2004）。

　　曾有學者針對這種現象提出沉默螺旋理論（Spiral of Silence Theory），意思是，屈居劣勢的人知道自己處於下風，所以選擇沉默，而占上風的人則是大鳴大放，導致屈居劣勢的人更不敢說話（Noelle-Neumann, 1993）。這個現象也隱含著「跟著大家選就沒問題」的想法。

　　其實我們的生活之中，也有樂隊花車效應的例子。比方說，在班上特別受歡迎的人，會因為大部分的人都說喜歡他，而在個性或外表得到「別人的認同」，因此即使是從未和他接觸過的人，也會覺得既

然有這麼多同學喜歡他，那這個人應該很值得被欣賞吧，結果會有更多人喜歡他。

大家都有，所以我也想要？

不知道大家小時候，是否有過一直和爸媽說：「大家都有，所以我也要買。」硬是要爸媽幫你買玩具或電視遊樂器的經驗？

這個行為的起因有很多種，例如買了玩具或電視遊樂器，才能跟上朋友的話題，或是想玩玩看一樣的玩具或電視遊樂器，也有可能只是想透過這些要求，測試爸媽有多愛自己。

大部分的行為通常都有很多個動機，不會只有一個，此時我們通常會有「大家都有，所以那個東西一定很棒，我不想只有我沒有」的情緒，而這種情緒源自樂隊花車效應，也可說是一種尋求安心的行為。

不過，大家都知道，這世上還有**「想要變得與眾不同的」價值觀。**一遇到稀有的限定商品就一定想買到手的人，越是希望自己

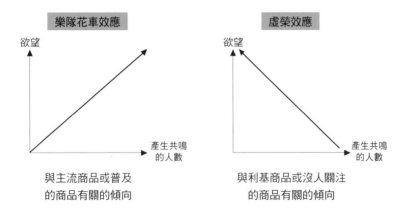

樂隊花車效應與虛榮效應的差異

樂隊花車效應	虛榮效應
欲望 ↗	欲望 ↖
產生共鳴的人數	產生共鳴的人數
與主流商品或普及的商品有關的傾向	與利基商品或沒人關注的商品有關的傾向

與眾不同。這種與樂隊花車效應相悖的現象稱為**虛榮效應**（Snob Effect）（Leibenstein, 1950）。也就是說，大家都有的我不要，大家都沒有的我才要的意思。

此外，前述的**心理抗拒**（Psychological Reactance）也有促銷的效果。因為數量限定、期間限定這類理由而買不到的話，會覺得購買這項商品的自由被限制，而為了取回購買這項商品的權利，就會搶著購買，結果廠商就達成促銷的目的。

應用於行銷的樂隊花車效應

在很多人支持之下，吸引更多人支持的樂隊花車效應**很常於行銷相關業務應用**。

比方說，幾萬人愛用的商品、幾分鐘就賣完的票，這種以銷路為賣點的手法算是非常常見。

此外，故意減少內用座位，造成店門前面大排長龍，讓路人以為這間店很有名的手法，或是故意不補某項商品，讓人覺得這項商品常常賣到缺貨的手法，都是常見的行銷技巧。

只要知道這些技巧，就比較不會被店家的策略所蠱惑了。

參考文獻

Elisabeth Noelle-Neumann, The Spiral of silence, 1993.[E.ノエル=ノイマン（池田謙一・安野智子訳）『沈黙の螺旋理論:世論形成過程の社会心理学』北大路書房、2013年。]

Elisabeth Noelle-Neumann and Thomas Petersen, The Spiral of Silence and the Social Nature of Man, Handbook of Political Communication Research, edited by Lynda Kaid, Lawrence Erlbaum Associates, 2004.

Harvey Leibenstein, "Bandwagon, Snob, and Veblen Effects in the Theory of Consumers' Demand," The Quarterly Journal of Economics: 64(2), 183-207, 1950.

當井底之蛙走到外面的世界時，不得不體會的痛苦。

19

鄧寧克魯格效應

Dunning–Kruger Effect

意 思　越是無知的人，越是容易高估自己的能力；而知識越是豐富的人，或是越有能力的人，反而會覺得別人也擁有相同的知識與能力，進而低估自己。

關 聯

井底之蛙效應

　　有不少人都曾在學生時代組過樂團，與朋友一起在校慶的時候表演，覺得很有成就感，也創造了很棒的回憶，有時甚至會覺得，朋友與自己有點酷……

　　上述應該是大部分的人都有的經驗。

　　但有些人卻會因為「覺得自己有點酷」，而想要在更寬廣的世界闖一闖，例如想從校慶出發，去在地人會參加的社區活動表演，或是在許多樂迷聚集的展演空間表演，甚至寄自己錄製的 Demo 帶給唱片公司，總之夢想就是越來越大，但在這個過程中，有一個必須跨越的難關。

那就是「會遇到許多比自己更厲害的人」。

話說回來，想成為在外面的世界闖蕩的樂團也就算了，真正的問題在於窩在自己的小世界，一直覺得「自己很棒」的樂團。如果只是業餘玩一玩，待在自己的小世界當然沒什麼問題，但如果想要出道成為職業的樂團，就不能一直是「井底之蛙」，否則永遠不會有出道的一天。

這種因為無知而**高估自身能力的謬誤**稱為鄧寧克魯格效應（Dunning-Kruger effect）（Kruger and Dunning, 1999），這是以主張這項效應的兩位研究學者的名字來命名。

鄧寧克魯格效應發生的原因

鄧寧克魯格效應發生的原因之一在於**缺乏後設認知（Metacognition）**。所謂的「後設（Meta）」是指「更高層次」的意思，也就是客觀地認知自己認知的一切，簡單來說就是「**認知自己的認知**」，所以**缺乏後設認知代表無法客觀地看待自己**，也就是無法正確地認識自己實力不足這件事。

此外，這些人**不只無法認識自己，還無法正確地評估他人。**

目前已知的是，只要接受適當的訓練，就能夠解決上述的問題。這意味著**陷入這類謬誤的人不僅不了解外在的世界，也缺乏正確評估自身實力的知識與技術，但是只要掌握必要的知識與技術，就能擺脫這種謬誤。**

因此，在校慶大展身手，想進一步出道的樂團，也可以試著比較自己與其他樂團的演奏，或是學會更高超的技術，讓自己不再只是井底之蛙。

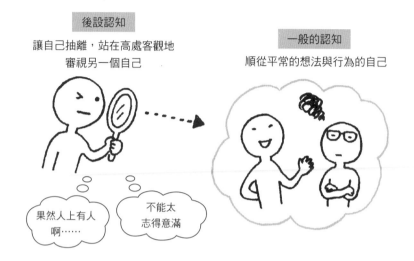

具備後設認知就能客觀地看待自己

後設認知
讓自己抽離，站在高處客觀地
審視另一個自己

一般的認知
順從平常的想法與行為的自己

果然人上有人
啊……

不能太
志得意滿

鄧寧克魯格效應的發現

在提出鄧寧克魯格效應的論文之中，這兩位研究學者讓學生評估自己知識、技巧、英文能力與幽默感，以及預測自己在班上的排名。

結果發現，能正確評估自己的受測者非常少，因此這兩位研究學者做出「**在面對不熟悉的事物時，往往會因為還不習慣而無法做出正確的判斷，也很容易高估自己的能力**」這個結論。

曾有學者根據這個結果繼續實驗。

結果發現，**在面對簡單的課題時，成績越差的人越容易以為自己的成績不錯，成績越好的人，越能正確地評估自己的成績**，而這個結果也進一步證實了鄧寧克魯格效應。

	分數較低的人	分數較高的人
簡單的課題	誤以為分數很高	能正確評估
困難的課題	能正確評估	誤以為分數很低

不過，**當課題變得困難之後，情況就有些不同，成績越好的人越覺得自己的成績不理想，而成績不好的人卻反而能正確地評估自己的成績**（Burson, et al., 2006）。由此可知，鄧寧克魯格效應會隨著課題的難易度而以不同的面貌展現。

知道自己的經驗與能力還不足以完成夢想時，不管是誰都會覺得難過，但如果有心讓自己更上一層樓，就不能讓自己陷入這個謬誤。

即使是現在當紅的藝人，也會有一些不想回首的過去，例如在現場表演時，被底下的觀眾說「爛死了，把錢還來」，而且這類例子還屢見不鮮。但是希望大家明白一點，那就是這些藝人都是因為勇敢地踏出了第一步以及不斷地努力，才得以站在舞台上發光發熱。

參考文獻

Justin Kruger and David Dunning, "Unskilled and Unaware of It: How Difficulties in Recognizing One's Own Incompetence Lead to Inflated Self-Assessments," Journal of Personality and Social Psychology: 77(6), 1121–1134, 1999.

Katherine Burson, Richard Larrick and Joshua Klayman,"Skilled or Unskilled, But Still Unaware of it: How Perceptions of Difficulty Drive Miscalibration in Relative Comparisons," Journal of Personality and Social Psychology: 90 (1), 60–77, 2006.

Robert Levine, The Power of Persuasion. How We're Bought and Sold, John Wiley and Sons, 2003. [ロバート・レヴィーン（忠平美幸訳）『あなたもこうしてダマされる』草思社、2006年。]

邏輯學謬誤

認知科學謬誤

社會心理學謬誤

如果懂得站在別人的立場思考，就能得到舒適的
環境。

20

知 識 詛 咒
Curse of Knowledge

意 思	不管是哪個領域，擁有豐富相關知識的人，很難站在缺乏相關知識的人的立場思考。

關 聯	鄧寧克魯格效應（→250頁）

很難要求小孩用功讀書

大家可曾在教育現場聽過下面這個例子？

有小孩不知道什麼叫做「找零錢」。雖然大部分是小學低年級的學童才會有這個問題，但即使是身為大人的我們，恐怕也很難瞬間知道箇中理由。

這個問題的答案就是「電子錢包越來越普及，以現金支付的機會越來越少」。

對於長大成人之後，電子錢包才問世的大人來說，電子錢包的優點之一，就是能夠親身體驗「不用找零」的好處，一來不會再找錯錢，二來錢包也不會因為零錢而變得鼓鼓的，大家應該都覺得很方便才對。

不過對於才剛懂事，電子錢包就已經普及的小朋友來說，從小到

大都是看著家人用信用卡或智慧型手機結帳，所以當然不知道可以用現金結帳，也自然不懂什麼叫做「找零錢」。

這種不懂找零為何物的世代誕生之後，小學老師也就不得不解釋「找零」是什麼意思。

思考對方的背景

每個人或是每個世代擁有的知識都不一樣。

不過，若沒有注意到這點，**以為自己知道的事情別人也知道，就無法站在缺乏相關知識的人的立場思考事情**，而這種現象就稱為**知識詛咒**（Curse of Knowledge）（Heath, et al., 2007）。

伊莉沙白・牛頓（Elizabeth Newton）曾將 1990 年進行的「敲擊者與聽眾的實驗」，列為知識詛咒的實例。

在兩人一組的受測者之中，扮演敲擊者的受測者在桌子敲出某首名曲的節奏，而另一名扮演聽眾的受測者則負責猜出這首曲名。

最終，聽眾只猜出了 2% 左右的曲子，但在聽眾猜測之前，敲擊者卻預測聽眾的答對機率有 50%。

由此可知，扮演敲擊者的受測者雖然覺得這些曲子很簡單，但對於不具備相關知識的人來說，就算曾經聽過這些曲子，也很難從節奏猜中是哪一首曲子。

這項實驗明確地告訴我們，從別人的立場看事情有多麼困難。

解開詛咒

讀完本書之後，各位應該會覺得自己對於所謂的偏誤（Bias）有

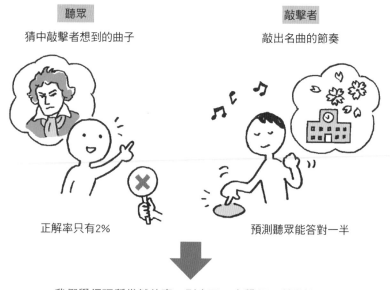

敲擊者與聽眾實驗告訴我們，要站在別人的立場思考有多難

聽眾
猜中敲擊者想到的曲子

敲擊者
敲出名曲的節奏

正解率只有2%

預測聽眾能答對一半

我們覺得理所當然的事，別人不一定覺得理所當然。

一定程度的了解。在此希望大家思考的是，那些「不了解偏誤為何物的人」。

這些人不知道有這麼多的偏誤，也不知道自己會不自覺地陷入這些偏誤，更不知道這些偏誤是怎麼發生的，也無法察覺這些偏誤讓自己不小心歧視別人。

在這種情況下，不管是歧視別人的立場，還是被歧視的立場都一樣，因為在大部分的情況下，我們都不會發覺自己「歧視」別人，或是被別人「歧視」。

偏誤能幫助我們適應環境，所以偏誤本身不是罪惡，有些偏誤甚

至能幫助我們保護自己，但不可否認的是，一些偏誤會造成歧視與摩擦，或是讓狀況變得更糟糕。

當我們知道知識會造成「詛咒」，那麼讓自己擺脫這個「詛咒」就顯得非常重要。

當我們知道身邊的朋友有偏見，別一下子就把他斷定為「討厭的傢伙」，而是要覺得，對方有可能是沒發現自己陷入偏誤之中，當我們能夠這麼想，就等於踏出破除知識詛咒的第一步。

大部分的認知偏誤都是在潛意識之下發生的，而當我們沒有相關的知識，就很難察覺與預防偏誤。

知識詛咒這種偏誤源自缺乏後設認知（Metacognition），而後設認知又分成「知識」與「技術」兩種。

讀完本書的你已經擁有偏誤相關的「知識」，所以接下來要請大家試著學習避免自己陷入偏誤的「技術」，以及試著靈活運用這些技術，進而了解那些因為缺乏知識而陷入偏誤的人，以及幫助他們擺脫各種偏誤。

雖然沒辦法立竿見影，但還是請大家不斷地試著幫助身邊的人。當你身邊有越來越多人擁有不帶任何成見的思考方式，你的生活環境也將變得更加舒適。

參考文獻

Chip Heath and Dan Heath, Made to Stick: Why Some Ideas Survive and Others Die, Randum House, 2007.
ABEMA TIMES『「おつりって何?」キャッシュレス化が進む時代に算数の授業で明らかになった子どもたちの"お金の概念"』〈https://times.abema.tv/news-article/8628009〉2020年10月9日。
鈴木宏昭『認知バイアス:心に潜むふしぎな働き』講談社（ブルーバックス）、2020年。
高橋昌一郎『理性の限界』講談社（講談社現代新書）、2008年。

索 引

凡例：本索引是於「監修者前言」、「內文」出現的主要事項名稱與人名，但不包含在「目錄」、「意思」、「關聯」、「各節導讀」、「插圖」、「參考文獻」出現的內容。此外，「各節標題」會記錄該範圍的頁數（編輯部編製）。

圖解認知偏誤！
避開99%思考陷阱

人類並不理性！
打破慣性偏見，建立強大思維

作者情報文化研究所（山﨑紗紀子／宮代こずゑ／菊池由希子）
監修高橋昌一郎
譯者許郁文
主編吳佳臻
責任編輯丁奕岑（特約）
封面設計羅婕云
內頁美術設計李英娟

發行人何飛鵬
PCH集團生活旅遊事業總經理暨社長李淑霞
總編輯汪雨菁
行銷企畫經理呂妙君
行銷企劃專員許立心

出版公司
墨刻出版股份有限公司
地址：台北市104民生東路二段141號9樓
電話：886-2-2500-7008／傳真：886-2-2500-7796
E-mail：mook_service@hmg.com.tw
發行公司
英屬蓋曼群島商家庭傳媒股份有限公司城邦分公司
城邦讀書花園：www.cite.com.tw
劃撥：19863813／戶名：書虫股份有限公司
香港發行城邦（香港）出版集團有限公司
地址：香港灣仔駱克道193號東超商業中心1樓
電話：852-2508-6231／傳真：852-2578-9337
製版・印刷藝樺彩色印刷製版股份有限公司・漾格科技股份有限公司
ISBN978-986-289-705-8・978-986-289-706-5（EPUB）
城邦書號KJ2054 **初版**2022年4月 **三刷**2023年5月
定價420元
MOOK官網www.mook.com.tw
Facebook粉絲團
MOOK墨刻出版 www.facebook.com/travelmook
版權所有・翻印必究

Original Japanese title: JOHO WO TADASHIKU SENTAKU SURU TAMENO NINCHI BIAS JITEN
Copyright © Shoichiro Takahashi 2021
Original Japanese edition published by Forest Publishing Co., Ltd.
Traditional Chinese translation rights arranged with Forest Publishing Co., Ltd. through The English Agency (Japan) Ltd.
and AMANN CO., LTD.

國家圖書館出版品預行編目資料

圖解認知偏誤!避開99%思考陷阱：人類並不理性!打破慣性偏見,建立強大
思維/情報文化研究所著；許郁文譯. -- 初版. -- 臺北市：墨刻出版股份有限
公司出版：英屬蓋曼群島商家庭傳媒股份有限公司城邦分公司發行,
2022.04
264面；14.8×21公分. -- (SASUGAS；54)
譯自：情報を正しく選択するための認知バイアス事典
ISBN 978-986-289-705-8(平裝)
1.CST: 認知心理學 2.CST: 邏輯學
176.3   111003688